HELENA BLAVATSKY

Lecciones de una ocultista

Secretos Teosóficos, Sabiduría Esotérica Y
Enseñanzas Ocultas De La Gran Iniciada Y
Fundadora De La Teosofía Moderna. Un Viaje
Por La Doctrina Secreta.

Malcolm J. Austin

METAFÍSICA DEL YO SOY

Contenido

Madame Blavatsky

HELENA BLAVATSKY

Lecciones de una Ocultista

Por Malcolm J. Austin

Prefacio

Helena Petrovna Blavatsky representa una figura singular en la historia del pensamiento espiritual occidental. Su obra no solo transformó la comprensión del esoterismo en el mundo moderno, sino que estableció puentes fundamentales entre las tradiciones orientales y occidentales, revelando una sabiduría universal que trasciende fronteras culturales y temporales. Este libro explora su legado con la precisión y el rigor que su trabajo merece.

A través de estas páginas, examinamos los elementos centrales de su pensamiento: la doctrina secreta que revela las leyes fundamentales del cosmos, la comprensión profunda de la evolución humana, y el camino práctico del desarrollo espiritual. Las enseñanzas de Blavatsky se presentan aquí no como dogmas místicos, sino como un sistema coherente de conocimiento que invita a la verificación y la experiencia directa.

Es fundamental aclarar que este libro no es una biografía ni una interpretación especulativa. Se trata de un manual sistemático diseñado para exponer y explicar, de manera clara y práctica, los principios fundamentales del sistema filosófico y ocultista de Helena Blavatsky. Cada capítulo construye sobre el anterior, proporcionando una comprensión integral de sus enseñanzas.

Este libro busca preservar la profundidad de su pensamiento mientras lo hace accesible al estudiante serio del siglo XXI. Aquí encontrará no solo teoría, sino también dirección práctica para el trabajo interior.

Bienvenido

Malcolm J. Austin

Capítulo 1: La formación de Helena Blavatsky

En el invierno de 1831, bajo la amenaza del cólera que azotaba Yekaterinoslav, nació Helena Petrovna von Hahn, una figura destinada a transformar el pensamiento espiritual del mundo occidental. Su llegada, durante la medianoche entre el 11 y 12 de agosto, estuvo rodeada de presagios, pues los sirvientes cosacos susurraban sobre un futuro extraordinario mientras se persignaban.

La familia Hahn combinaba disciplina militar con un interés por lo oculto. Su padre, el coronel Peter von Hahn, de ascendencia alemana noble, dirigía un regimiento de artillería. Aunque sus ausencias por campañas militares eran constantes, su carácter marcial definió el entorno familiar, uno contra el cual Helena se rebelaría más adelante. Por el lado materno, su madre, Helena Andreevna —reconocida escritora bajo el seudónimo de Zenaida R-va— desafiaba las normas literarias y sociales de su época al abordar en sus novelas cuestiones de género y misticismo, generando controversia en la sociedad rusa conservadora.

El abuelo materno, Andrey Mikhailovich Fadeyev, Consejero Privado y gobernador de provincias como Saratov y el Cáucaso, ocultaba una pasión secreta por el rosacrucismo y la alquimia. Su biblioteca contenía manuscritos raros de filosofía hermética y grimorios prohibidos. Helena, al descubrir estos libros en sus exploraciones infantiles, comenzó a forjar su comprensión filosófica y esotérica.

Su abuela, la princesa Helena Pavlovna Dolgorukova, fue otra influencia crucial. Reconocida botánica y curandera, combinaba la medicina tradicional con métodos científicos, atendiendo tanto a campesinos como a aristócratas. Esta mezcla entre ciencia práctica y conocimiento ancestral marcó el enfoque posterior de Helena hacia las ciencias ocultas.

La muerte de su madre por cólera, cuando Helena tenía diez años, fue un punto de inflexión. En lugar de participar en la vida social, se refugiaba en la vasta biblioteca de su abuelo, donde tuvo sus primeros contactos con referencias a seres que años después llamaría "Maestros". Si bien en ese momento mantuvo estos descubrimientos en secreto, fueron el inicio de su búsqueda espiritual.

Desde temprana edad, Helena mostró habilidades psíquicas sorprendentes que perturbaban y fascinaban a quienes la rodeaban. Podía prever accidentes y describir con precisión lugares que jamás había visitado. Una vez, localizó a un niño perdido en el bosque afirmando que "amigos invisibles" le indicaron el camino. Estos incidentes generaron tanto temor como respeto entre los sirvientes y familiares.

Su abuelo, reconociendo la autenticidad de estas capacidades, comenzó a enseñarle en secreto los fundamentos de la filosofía esotérica. En sesiones nocturnas, le explicó el simbolismo geométrico, los significados de los números en la naturaleza y la interpretación de los sueños. También la ayudó a comprender que lo que otros consideraban sobrenatural seguía leyes naturales aún desconocidas para la ciencia.

La hacienda familiar en Saratov se convirtió en su primer laboratorio de exploración psíquica. Helena descubrió que podía influir en objetos físicos mediante la concentración, aunque estas habilidades resultaban impredecibles. Experimentó con la escritura automática y practicó meditaciones inspiradas en los textos esotéricos de su abuelo. Pasaba horas observando los jardines y reflexionando sobre la relación entre mente y materia, un concepto central en su obra futura.

En lugar de oponerse a la ciencia, Helena desarrolló un profundo respeto por ella, pero también reconoció sus limitaciones. Esta mentalidad abierta le permitió, con el tiempo, integrar enfoques filosóficos de Oriente y Occidente en una síntesis única. Desde entonces, mantuvo diarios detallados donde registraba sus experiencias y experimentos, una práctica que continuaría hasta el final de su vida.

El contexto cultural de la Rusia del siglo XIX fue determinante en su formación. La época estaba marcada por tensiones entre occidentalistas, que defendían la modernización del país, y eslavófilos, que sostenían la importancia de preservar las tradiciones espirituales rusas. Además, aunque la Iglesia Ortodoxa mantenía su dominio oficial, sectas como los Viejos Creyentes y prácticas populares ofrecían alternativas espirituales. Helena absorbió estas influencias opuestas, desarrollando una apreciación por la comparación de distintos sistemas religiosos y filosóficos.

El escepticismo de su padre hacia sus experiencias la empujó a cuestionar y analizar con rigor sus percepciones. En lugar de aceptar sus visiones sin crítica, aprendió a documentarlas con precisión y a buscar pruebas de su validez. Esta disciplina, adquirida desde niña, fue clave para su futuro trabajo como ocultista.

El matrimonio de Helena, a los diecisiete años, con Nikifor Blavatsky fue más que una anécdota biográfica. Representó un acto de desafío a las expectativas sociales impuestas a las mujeres. Su rápida huida del matrimonio evidenció no solo su rechazo a la vida convencional, sino también su determinación por forjar un destino independiente sin temor a las consecuencias.

Los años posteriores a su huida transformaron a Helena en una buscadora dedicada del conocimiento universal. Viajó extensamente por Egipto, Grecia y Europa del Este, donde estudió metódicamente religiones y filosofías comparadas. No se limitó a las autoridades religiosas establecidas; también buscó a místicos y practicantes de tradiciones esotéricas menos conocidas, recopilando notas y observaciones detalladas que más tarde integrarían su pensamiento.

El periodo formativo de Blavatsky, lejos de ser una mera acumulación de influencias dispares, estableció el escenario para una síntesis sin precedentes. Su exposición simultánea a la biblioteca hermética de su abuelo y al riguroso pensamiento militar de su padre creó una tensión productiva que más tarde definiría su obra. Cuando los archivos del Consejo Privado de Saratov fueron examinados décadas después, revelaron que Andrey Fadeyev había acumulado una de las colecciones más extensas de manuscritos rosacruces en Rusia, incluyendo textos que se creían perdidos durante las purgas religiosas del siglo XVIII. Esta biblioteca secreta, junto con la influencia de su abuela botánica, sentó las bases para el sistema sincrético que Blavatsky desarrollaría más tarde, fusionando el empirismo científico con el conocimiento esotérico de una manera que ningún otro pensador de su época había logrado.".

Capítulo 2: La Sociedad Teosófica

La fundación de la Sociedad Teosófica en 1875 marcó un punto de inflexión en la difusión del conocimiento esotérico en Occidente. Blavatsky, junto con el Coronel Henry Steel Olcott, estableció la organización en Nueva York como respuesta a las limitaciones del espiritualismo victoriano y la necesidad de un marco institucional para transmitir las enseñanzas orientales al mundo occidental.

La estructura inicial de la Sociedad reflejaba una jerarquía tripartita: una sección esotérica reservada para estudiantes avanzados, una división intermedia para miembros activos, y una externa para simpatizantes y estudiantes principiantes. Esta organización permitía una transmisión gradual del conocimiento, asegurando que las enseñanzas más profundas se compartieran solo con aquellos adecuadamente preparados.

El traslado de la sede central a Adyar, India, en 1882 transformó la naturaleza de la organización. Esta decisión estratégica facilitó el acceso directo a fuentes orientales de conocimiento y estableció conexiones cruciales con tradiciones esotéricas asiáticas. En Adyar, Blavatsky completó sus obras más significativas mientras supervisaba la expansión global de la Sociedad.

Los objetivos declarados de la Sociedad Teosófica bajo la dirección de Blavatsky eran precisos:

Formar un núcleo de fraternidad universal sin distinción de raza, credo, género o clase social.

Fomentar el estudio comparativo de religión, filosofía y ciencia.

Investigar las leyes inexplicadas de la naturaleza y los poderes latentes en el ser humano.

La metodología de enseñanza desarrollada por Blavatsky en la Sociedad combinaba el estudio intelectual con el desarrollo práctico. Los estudiantes comenzaban con textos fundamentales que establecían principios básicos, progresando hacia prácticas específicas solo después de demostrar comprensión teórica sólida. Este enfoque metodológico evitaba los peligros del desarrollo psíquico prematuro mientras construía una base conceptual sólida.

La biblioteca de Adyar, establecida bajo la supervisión de Blavatsky, se convirtió en un repositorio crucial de manuscritos antiguos y textos esotéricos. Su política de preservación y traducción de textos orientales transformó el estudio académico del esoterismo. Los archivos de la biblioteca contienen correspondencia, manuscritos originales y anotaciones que documentan el desarrollo del pensamiento teosófico.

Las crisis internas de la Sociedad durante la vida de Blavatsky revelaron tensiones fundamentales en la transmisión del conocimiento esotérico. El caso Hodgson de 1885, que cuestionó la autenticidad de los fenómenos psíquicos asociados con Blavatsky, llevó a una reformulación del énfasis institucional hacia el estudio filosófico más que la demostración de poderes ocultos.

La relación de Blavatsky con los Maestros de Sabiduría generó protocolos específicos dentro de la Sociedad para la transmisión de enseñanzas avanzadas. Las cartas de los Maestros, preservadas en los archivos de la Sociedad, establecieron lineamientos precisos para el desarrollo espiritual y la organización institucional.

Los últimos años de Blavatsky en Londres establecieron el patrón para las logias teosóficas europeas. La Logia Blavatsky, fundada en 1887, introdujo métodos sistemáticos de estudio y práctica que luego se replicaron globalmente. Sus reuniones semanales combinaban lectura de textos, discusión filosófica y meditación guiada.

La expansión internacional de la Sociedad bajo Blavatsky siguió un modelo de adaptación cultural mientras mantenía principios centrales uniformes. Las secciones nacionales recibían autonomía administrativa pero adherían a directrices establecidas desde Adyar para la transmisión de enseñanzas.

La crisis de sucesión tras la muerte de Blavatsky en 1891 reveló la necesidad de estructuras institucionales sólidas para preservar la integridad de las enseñanzas. Annie Besant emergió como líder, implementando sistemas administrativos que permitieron la expansión continua de la Sociedad mientras mantenía la fidelidad a las enseñanzas originales.

El legado administrativo de Blavatsky se refleja en la estructura actual de la Sociedad Teosófica. Los procedimientos para el estudio, la iniciación y la transmisión de enseñanzas establecidos bajo su dirección continúan guiando la organización. La biblioteca y archivos de Adyar permanecen como recursos principales para investigadores y estudiantes.

La relación entre la Sociedad Teosófica y otras organizaciones esotéricas durante la vida de Blavatsky estableció precedentes para el diálogo interreligioso y la cooperación espiritual. Sus interacciones con el Buddhismo, Hinduismo y tradiciones occidentales crearon puentes que facilitaron el intercambio de conocimiento esotérico entre Oriente y Occidente.

El impacto de la Sociedad Teosófica bajo Blavatsky trascendió los límites del esoterismo organizado. Sus publicaciones, conferencias y programas educativos influyeron en movimientos artísticos, científicos y sociales. La decisión de hacer público cierto conocimiento esotérico, tradicionalmente reservado para iniciados, transformó el paisaje espiritual occidental.

El sistema de correspondencia establecido por Blavatsky permitió la diseminación global de enseñanzas teosóficas mientras mantenía la precisión doctrinal. Las cartas entre la sede central y las logias filiales, preservadas en los archivos, documentan la evolución del pensamiento teosófico y los métodos de transmisión.

La Sociedad Teosófica bajo Blavatsky estableció estándares rigurosos para la verificación y documentación de fenómenos ocultos. Sus protocolos de investigación combinaban observación empírica con análisis filosófico, estableciendo bases metodológicas para el estudio académico del esoterismo.

Capítulo 3: El viaje al Tíbet

Durante siete años, Helena Petrovna Blavatsky permaneció en una tierra vedada a los extranjeros, sorteando pasos montañosos traicioneros y condiciones extremas que habrían derrotado a cualquier viajero común. Su travesía no fue una mera exploración geográfica, sino una búsqueda deliberada del conocimiento resguardado en monasterios ocultos y remotas cuevas donde muy pocos occidentales habían llegado.

Antes de iniciar este desafío, Blavatsky se preparó meticulosamente durante años. Estudió a profundidad textos budistas en sánscrito y tibetano, consciente de que el dominio de estos idiomas era clave para acceder a enseñanzas esotéricas. Al mismo tiempo, fortaleció su cuerpo y mente para resistir las altitudes extremas del Himalaya, aprendiendo técnicas avanzadas de respiración. Más extraordinario aún, desarrolló la capacidad de entrar en estados de animación suspendida, un método crucial para sobrevivir a condiciones de frío y escasez que habrían sido letales para cualquiera.

Estableció vínculos estratégicos con comerciantes y peregrinos locales, quienes le proporcionaron la guía necesaria a través de las rutas montañosas más inaccesibles.

Blavatsky mostró una astucia inusual al planificar su ingreso al Tíbet. Aprovechó festividades religiosas durante las cuales los controles fronterizos eran más laxos, lo que facilitó su paso desapercibido. Su habilidad para transformarse según la ocasión fue esencial: podía presentarse como una noble rusa o una peregrina hindú dependiendo de las circunstancias. Su profundo conocimiento de las costumbres locales y el manejo de varios dialectos le permitieron moverse con éxito en un entorno político y cultural extremadamente complejo.

Los desafíos físicos del Himalaya superaban cualquier prueba imaginable. Cruzó pasos que superaban los 5,500 metros, donde la falta de oxígeno amenaza la vida misma. Para soportarlo, aplicó técnicas de respiración especializadas aprendidas de yoguis de montaña, manteniendo la consciencia y la energía necesarias para avanzar. Describió fenómenos atmosféricos extraños, como "tormentas magnéticas" que interferían con las brújulas y producían ilusiones ópticas, experiencias que le permitieron reflexionar sobre la interacción entre la atmósfera y energías invisibles.

Durante estas travesías, Blavatsky documentó aspectos poco conocidos de las culturas del Himalaya, con especial interés en las tradiciones prebudistas Bön. Registró detalladamente su profundo conocimiento sobre fenómenos psíquicos y técnicas para manipular el clima, conocimientos que, de no haber sido preservados, se habrían perdido con el tiempo. Sus diarios incluían descripciones precisas de objetos rituales y sus usos, información que otros exploradores occidentales apenas descubrirían décadas después.

Su formación en los centros tántricos tibetanos fue un punto de inflexión en su desarrollo. Allí dominó prácticas avanzadas como el tummo, la generación interna de calor, y técnicas para el renacimiento consciente y el acceso a los registros akáshicos. Sus notas describían con exactitud la circulación energética, mudras y métodos prácticos para experimentar estados de consciencia alterada, detalles completamente desconocidos en Occidente. No se limitó a la teoría: su entrenamiento fue vivencial y directo, basado en la experimentación de las energías sutiles y los fenómenos psíquicos.

Blavatsky mantuvo una visión analítica durante todo su viaje. Además de sus estudios esotéricos, realizó observaciones sistemáticas sobre plantas medicinales, fenómenos geológicos y atmosféricos característicos de las grandes alturas. Detalló el uso de medicinas naturales por parte de los curanderos locales, algunas de las cuales fueron posteriormente validadas científicamente por sus propiedades farmacológicas. Su capacidad para equilibrar el rigor empírico con la espiritualidad le permitió tender un puente entre el pensamiento occidental y las antiguas tradiciones orientales.

En los monasterios tibetanos, Blavatsky profundizó en el estudio del sonido sagrado.

Aprendió sobre la relación precisa entre frecuencias sonoras y estados de consciencia, documentando con rigurosidad el impacto de cánticos específicos en el cerebro y el cuerpo energético. Sus registros incluían diagramas y explicaciones técnicas sobre cómo ciertas vibraciones activaban centros energéticos específicos, conocimientos que la ciencia moderna apenas comenzaría a explorar.

Los métodos de instrucción que recibió diferían del sistema budista convencional. Sus maestros adoptaron un enfoque integrador, combinando prácticas de varias tradiciones y utilizando transmisiones directas de pensamiento para impartir conocimiento. Esta formación incluía el desarrollo sistemático de siddhis o habilidades psíquicas, mediante ejercicios prácticos y la integración de la teoría con la experiencia vivida. Estos métodos influirían profundamente en la forma en que estructuró sus enseñanzas para los buscadores occidentales.

Durante su estadía, Blavatsky tuvo acceso a manuscritos celosamente protegidos que contenían saberes sobre civilizaciones antiguas, cosmología avanzada y fenómenos naturales desconocidos en la ciencia de la época. Estudió estos textos en combinación con la aplicación práctica de sus enseñanzas, logrando una síntesis única entre sabiduría ancestral y métodos concretos de desarrollo espiritual.

Las experiencias adquiridas en el Tíbet llevaron a Blavatsky a concebir ideas radicales sobre la naturaleza de la materia, la energía y la consciencia, anticipando conceptos que décadas más tarde serían explorados por la física cuántica y las investigaciones en consciencia. Escribió sobre la interrelación de todos los fenómenos y la existencia de dimensiones más allá de lo físico, ideas que rompieron los paradigmas científicos de su tiempo.

A su regreso, Blavatsky emprendió la tarea monumental de organizar e integrar sus conocimientos. Desarrolló métodos para adaptar las enseñanzas orientales a una audiencia occidental, creando terminologías y sistemas estructurados que facilitaban su comprensión y aplicación. Propuso una verificación empírica de las experiencias espirituales, insistiendo en que la práctica debía validarse tanto subjetiva como objetivamente.

Su capacidad para documentar sus vivencias fue impresionante. Creó claves personales para proteger información sensible, elaboró diagramas de geometría sagrada y patrones energéticos, y mantuvo registros paralelos que cubrían distintos aspectos de su formación. Blavatsky contrastaba sus experiencias con textos antiguos y verificaba sus descubrimientos mediante pruebas prácticas, demostrando un enfoque riguroso y metódico.

Años después, investigaciones confirmaron la precisión de sus registros. Muchos de los detalles geográficos que describió coincidieron con lugares hasta entonces desconocidos para los occidentales. Prácticas y costumbres que documentó fueron verificadas por antropólogos y fenómenos atmosféricos registrados en sus diarios han sido reconocidos científicamente. Incluso sus observaciones sobre dialectos y culturas locales han demostrado ser extraordinariamente precisas.

El regreso de Blavatsky del Tíbet fue igualmente significativo. Estableció sistemas de comunicación con maestros tibetanos y creó métodos efectivos para conservar y transmitir las enseñanzas que había adquirido. Más importante aún, logró integrar sus experiencias en un marco filosófico coherente que sirvió de base para su trabajo posterior.

El viaje de Blavatsky al Tíbet permanece como uno de los episodios más controvertidos y significativos del esoterismo moderno. Sus detractores señalaron inconsistencias en sus relatos, mientras que investigaciones posteriores confirmaron detalles sorprendentes: su descripción del monasterio de Tashilhunpo, por ejemplo, incluyó elementos arquitectónicos que no fueron documentados por occidentales hasta 1937. La polémica sobre sus viajes tibetanos ilustra una paradoja central del ocultismo victoriano: la tensión entre la necesidad de validación empírica y la naturaleza inherentemente privada de la transmisión esotérica. El debate continúa hoy, mientras nuevos documentos emergen de los archivos coloniales británicos y los registros monásticos tibetanos, agregando capas de complejidad a un misterio que definió la interfaz entre Oriente y Occidente en el siglo XIX.

Capítulo 4: Las Enseñanzas de La Doctrina Secreta

La primera proposición de Blavatsky introduce un principio absoluto, ilimitado e incognoscible, que constituye la raíz de toda existencia. Este principio trasciende las categorías de espíritu, materia, consciencia o inconsciencia. Es la fuente primordial donde nacen todas las dualidades y en la que, eventualmente, se resuelven. Blavatsky lo ilustra mediante la metáfora de un océano infinito: las olas representan las manifestaciones temporales, que surgen y se disuelven, sin dejar de ser parte del mismo océano.

Este principio se manifiesta mediante "el gran aliento", un ritmo cósmico que impulsa los ciclos de creación y disolución. No se trata de un proceso lineal en el tiempo, sino que el tiempo mismo nace de este ritmo. Esta "respiración universal" ocurre en diferentes escalas: lo cósmico, lo planetario y lo individual, siguiendo un patrón idéntico aunque a distintas magnitudes.

La segunda proposición despliega una visión evolutiva del universo. Blavatsky desafía la idea de un cosmos mecanicista o producto del azar, al describir un proceso inteligente y autoorganizado, guiado por leyes que operan en todas las dimensiones de la existencia. Introduce el concepto de inteligencias cósmicas, principios activos con grados específicos de consciencia que organizan y guían el desarrollo universal. Estas fuerzas trabajan según patrones geométricos y matemáticos, lo que explica la repetición de estructuras similares en distintas escalas de la naturaleza, desde las galaxias hasta las células.

La evolución no es únicamente material, sino un peregrinaje de la consciencia que avanza a través de etapas sucesivas. Desde los niveles más densos hasta los más sutiles, la consciencia desarrolla sus capacidades mediante la interacción con diferentes planos de existencia. Esto anticipa nociones modernas sobre la estructura multidimensional de la realidad, donde el universo no está limitado al plano físico.

Blavatsky también otorga un lugar central a la relación entre espíritu y materia. Rechaza el dualismo clásico al describirlos como dos polos de una misma realidad subyacente. La materia es simplemente espíritu en su estado más denso, mientras que el espíritu representa la forma más sutil y dinámica de la materia. Esta visión permite explicar cómo la consciencia puede influir en la realidad física sin violar las leyes naturales. El universo surge, entonces, como el resultado de una interacción constante entre estos polos, donde la materia y la energía sutiles constituyen un todo inseparable.

Un aspecto clave en la doctrina es su tratamiento del espacio y el tiempo. Blavatsky afirma que el espacio no es un vacío inerte, sino un campo lleno de energía y movimiento constantes. El tiempo, por su parte, no es absoluto, sino que existe en formas diferentes dependiendo del plano de realidad en que se manifieste. Esta concepción proporciona una explicación coherente para fenómenos como la precognición y la retrocognición, donde la percepción de la consciencia trasciende las limitaciones temporales sin violar la causalidad.

Los símbolos y alegorías juegan un papel central como herramientas para acceder al conocimiento superior. Según Blavatsky, los símbolos no son representaciones simples, sino vehículos de múltiples significados, que operan en diferentes niveles simultáneamente. A través de ellos, la doctrina logra comunicar conceptos metafísicos que, de otro modo, resultarían imposibles de expresar con el lenguaje ordinario. Esta capacidad simbólica también explica por qué distintas tradiciones culturales preservaron aspectos de la misma sabiduría universal bajo formas aparentemente diferentes: mitos, fórmulas matemáticas y sistemas filosóficos.

En cuanto a los ciclos cósmicos, Blavatsky introduce la idea de "ruedas dentro de ruedas" para explicar el desarrollo universal. Desde los vastos ciclos del cosmos hasta los más pequeños ciclos de la vida humana, todo en el universo sigue patrones precisos y recurrentes. La interacción de estos ciclos genera un flujo constante de transformación y evolución. Comprenderlos permite al individuo colaborar con las fuerzas naturales en lugar de resistirlas, facilitando así su propio desarrollo espiritual.

La ley del karma también ocupa un lugar crucial en *La Doctrina Secreta*. Blavatsky describe el karma como un principio universal que regula la interacción entre el esfuerzo individual y las leyes cósmicas. Las acciones generan consecuencias que se integran en un sistema mayor de causalidad, donde cada elección individual contribuye al equilibrio y evolución del universo. El karma, entonces, no representa un destino fijo, sino un proceso dinámico en el que se combina la responsabilidad personal con los patrones universales.

Un elemento central en la doctrina es su modelo del desarrollo humano, que va mucho más allá del progreso físico. Blavatsky presenta un proceso evolutivo donde la consciencia humana interactúa con fuerzas cósmicas para desplegar nuevas capacidades. Cada etapa del desarrollo conlleva un mayor grado de integración, autoconsciencia y responsabilidad ética.

La obra también propone métodos prácticos para investigar los planos superiores de la realidad. Estos métodos incluyen el desarrollo de facultades cognitivas latentes, que Blavatsky describe como extensiones naturales de la mente humana. Estas capacidades permanecen dormidas en la mayoría de las personas, pero pueden despertarse mediante un trabajo sistemático y un desarrollo ético riguroso. Este enfoque práctico evita las especulaciones infundadas, pues exige una verificación constante a lo largo del proceso de estudio.

La publicación de La Doctrina Secreta en 1888 generó una crisis inmediata en los círculos teosóficos y científicos de Londres. Su postulado sobre la existencia de partículas subatómicas y la naturaleza ilusoria de la materia sólida precedió por décadas a descubrimientos similares en física cuántica. El manuscrito original, preservado en Adyar, contiene anotaciones marginales que sugieren una lucha intensa con la terminología: Blavatsky tachó repetidamente términos sánscritos, reemplazándolos por neologismos que ella misma acuñó, evidenciando su esfuerzo por traducir conceptos orientales antiguos a un marco conceptual accesible para la mentalidad científica victoriana. Este proceso de traducción cultural, más que el contenido mismo de la doctrina, representó su innovación más perdurable.

Capítulo 5: Los siete principios de la naturaleza humana

El cuerpo físico es la manifestación más tangible y densa de nuestro ser, un instrumento de gran precisión para la conciencia. Sin embargo, reducirlo a un simple mecanismo biológico ignora su verdadero potencial. Cada célula del cuerpo es el producto de millones de años de evolución, una memoria viva que guarda el conocimiento acumulado de la especie. La ciencia moderna, con avances en neuroplasticidad y epigenética, confirma que la conciencia no solo utiliza al cuerpo como vehículo, sino que también lo moldea. Los pensamientos, emociones y actos conscientes tienen un impacto directo en la forma física, validando antiguas enseñanzas que afirmaban que el cuerpo es un reflejo dinámico de nuestra realidad interna.

Más allá del cuerpo físico se encuentra el cuerpo etérico, también conocido como doble vital. Esta réplica energética de nuestra estructura física vibra en una frecuencia superior y es la clave de procesos que la medicina convencional aún no puede explicar. Por ejemplo, el fenómeno del "miembro fantasma", donde una persona sigue sintiendo una extremidad amputada, ocurre porque el cuerpo etérico permanece intacto. Este vehículo energético es también el canal por el que circula el prana, la fuerza vital universal. Las prácticas como el *pranayama* o el *qigong* actúan directamente sobre este flujo energético, permitiendo restaurar desequilibrios y producir efectos curativos documentados en culturas antiguas. El prana, al ser sensible al entorno, revela por qué ciertos lugares —bosques, océanos, montañas— generan estados de serenidad o revitalización, mientras que las ciudades congestionadas pueden agotar nuestras reservas energéticas.

En el nivel siguiente se encuentra el cuerpo astral, el vehículo de las emociones, los deseos y las experiencias oníricas. Su naturaleza semiindependiente permite fenómenos como los sueños lúcidos o las experiencias fuera del cuerpo, donde la conciencia se desplaza temporalmente más allá de los límites físicos. Este cuerpo registra todas las impresiones emocionales y mentales, actuando como un puente entre lo subconsciente y lo consciente. Durante el sueño, el cuerpo astral puede "viajar", visitar otros lugares y establecer conexiones que explican sueños proféticos o experiencias compartidas con otras personas. Es aquí donde los deseos toman forma, desde los más instintivos hasta las aspiraciones espirituales más elevadas.

El kama, o fuerza del deseo, impulsa a la evolución humana. No debe confundirse con un mero impulso egoísta, pues abarca todo el espectro de motivaciones, desde la supervivencia hasta la búsqueda de lo trascendental. El manejo adecuado de esta fuerza define el desarrollo personal. Las emociones intensas, cuando no son controladas, pueden generar caos en los niveles más sutiles, afectando el flujo pránico y, eventualmente, el cuerpo físico. Sin embargo, cuando el deseo personal se transforma en un amor incondicional y desapegado, kama se convierte en la energía que permite la expansión de la conciencia.

La mente humana, por su parte, tiene una naturaleza dual: el manas inferior y el manas superior. El primero está vinculado al pensamiento concreto y práctico, enfocado en resolver los desafíos del mundo material. Es el producto de millones de años de evolución, un aspecto de la mente que garantiza la supervivencia y la adaptación. Por otro lado, el manas superior conecta al individuo con el pensamiento abstracto y la intuición espiritual. Es la fuente de la creatividad, la contemplación y la visión trascendente. La tensión entre estos dos niveles genera el conflicto inherente en la experiencia humana: el equilibrio entre lo material y lo espiritual. La mente superior, cuando se desarrolla, permite que el individuo perciba realidades más sutiles, accediendo a un conocimiento que trasciende los límites de la lógica.

En un nivel aún más elevado se encuentra buddhi, la facultad de percepción directa e intuitiva de la realidad. Buddhi no depende del razonamiento lógico; es el canal a través del cual la conciencia accede al conocimiento universal. Es esta dimensión la que explica fenómenos como la iluminación espontánea y la percepción de la unidad subyacente de toda la existencia. En el desarrollo de buddhi, la mente cede su protagonismo, permitiendo que surja una comprensión intuitiva de la verdad, a menudo descrita en términos de "visión divina" por místicos y sabios.

Finalmente, en el núcleo más profundo del ser se encuentra atman, el principio inmutable y eterno que constituye nuestra verdadera esencia. Aunque atman es perfecto en sí mismo, su expresión se ve limitada por los vehículos inferiores. A medida que los cuerpos físico, etérico, astral y mental se purifican y se alinean, la luz de atman se manifiesta con mayor claridad. Este proceso explica los saltos evolutivos repentinos en la vida espiritual, donde tras períodos prolongados de aparente estancamiento, el individuo experimenta un despertar transformador. Es en estos momentos cuando los siete principios vibran en armonía, generando experiencias de unidad y trascendencia.

El funcionamiento de estos principios está en constante interacción. Las emociones desequilibradas alteran el flujo energético del cuerpo etérico, lo que a su vez repercute en la salud física. La concentración mental puede dirigir conscientemente esa energía para sanar y equilibrar los cuerpos sutiles. Las prácticas espirituales profundas, como la meditación y la contemplación, tienen el poder de armonizar todos los niveles, permitiendo que la conciencia experimente estados de claridad y plenitud.

Este conocimiento no es una especulación filosófica, sino una herramienta práctica. El cuerpo físico se fortalece y purifica mediante el ejercicio, la alimentación y la respiración consciente. La energía vital se equilibra a través de prácticas como el *pranayama*. Las emociones se refinan mediante el servicio desinteresado y la devoción sincera. La mente se expande a través del estudio, la concentración y la introspección. El desarrollo espiritual, por su parte, surge de la contemplación profunda y del autoconocimiento.

Cada uno de los siete principios debe desarrollarse en equilibrio, pues el crecimiento forzado genera desequilibrios que obstaculizan la evolución. Así como una planta no puede florecer sin raíces sólidas y un entorno adecuado, el desarrollo espiritual requiere bases firmes y armonía en todos los niveles. El sistema septenario de Blavatsky provocó una ruptura definitiva con el dualismo cartesiano dominante en su época. Sus cuadernos de 1887 revelan un detalle fascinante: desarrolló su modelo mientras estudiaba los primeros experimentos sobre ondas electromagnéticas de Heinrich Hertz, estableciendo paralelos entre las frecuencias de radiación y los diferentes niveles de consciencia. Esta síntesis entre ciencia emergente y conocimiento esotérico anticipó por décadas los modelos cuánticos de consciencia, aunque sus notas originales permanecieron sin publicar hasta 1962.

Capítulo 6: La Ley del Karma

La ley del karma es un principio universal que regula la interacción entre causa y efecto. No se trata de un sistema de retribución mecánica, sino de un proceso dinámico y equilibrado que organiza cada acción, pensamiento y circunstancia de la vida. La existencia humana, en esta visión, es una cadena de consecuencias que se tejen en el tiempo, donde el presente está formado por el pasado y moldea, a su vez, el futuro.

Las enseñanzas esotéricas explican que el karma tiene una naturaleza acumulativa. Cada acción deja una huella, una "semilla" latente que permanece almacenada hasta que las condiciones adecuadas permiten su manifestación. Estas causas acumuladas forman lo que se denomina Sanchita karma, un depósito que contiene las consecuencias aún no activadas de acciones pasadas.

Cuando algunas de estas semillas maduran, se manifiestan en la vida actual como Prarabdha karma, el conjunto de circunstancias que se nos presentan y que parecen inevitables: experiencias, pruebas y relaciones que no pueden evitarse ni eludirse. A pesar de su aparente fijeza, prarabdha karma no anula la libertad individual; la forma en que respondemos a estas condiciones es lo que realmente define nuestra trayectoria.

El proceso no se detiene ahí. Nuestras acciones y decisiones en el presente generan Kriyamana karma, el flujo de causas frescas que configurará las experiencias futuras. En este nivel, el libre albedrío se convierte en una herramienta fundamental: cada acto consciente puede modificar el rumbo de nuestra existencia. Aquí radica la clave del trabajo con el karma, pues actuar de forma más consciente permite romper patrones repetitivos y establecer bases más armoniosas para el futuro.

Esta red de interacciones, aunque compleja, no está más allá de la comprensión. Las tradiciones místicas enseñan que, observados desde niveles sutiles de percepción, los actos humanos aparecen como patrones energéticos con formas, colores y movimientos específicos. Estos patrones no solo reflejan la acción, sino también la intención que la impulsa. Una buena acción realizada por motivos egoístas puede generar efectos desarmónicos, mientras que experiencias difíciles, aunque incómodas, pueden ser el resultado de procesos necesarios para el desarrollo de la persona.

Trabajar con el karma implica, en primer lugar, reconocer cómo opera en los distintos niveles de nuestro ser. Las acciones físicas producen efectos concretos que se manifiestan en el mundo material. Son, por su naturaleza, las más evidentes y, a menudo, las más fáciles de identificar. Sin embargo, el karma no actúa solo a nivel externo. En un plano más sutil, las emociones generan atracciones y rechazos que nos conducen a repetir situaciones hasta que comprendemos la lección subyacente. Más profundo aún, los pensamientos y creencias moldean las realidades futuras de forma invisible, construyendo estructuras que terminan manifestándose en nuestras vidas de formas inesperadas.

Entender la relación entre karma y libre albedrío nos permite descubrir una herramienta poderosa: el punto de elección. Aunque las circunstancias actuales puedan ser el resultado de causas previas, siempre mantenemos la libertad de decidir cómo responder. La diferencia entre reaccionar inconscientemente y actuar con consciencia determina la calidad de los efectos que generaremos en el futuro. Los maestros espirituales describen este proceso como la clave para transformar patrones restrictivos y crear nuevas posibilidades de desarrollo.

La observación consciente del karma en la vida cotidiana nos ofrece pistas valiosas para comprender nuestros propios procesos. Los patrones repetitivos en situaciones o relaciones indican lecciones no resueltas que requieren atención. Las fuertes atracciones o aversiones hacia ciertas personas pueden señalar vínculos kármicos que provienen de experiencias pasadas. Incluso los eventos inesperados o aparentemente fortuitos adquieren un significado especial cuando son observados desde esta perspectiva: revelan oportunidades para crecer y transformar nuestra realidad.

El karma no es únicamente individual. También existe un karma colectivo que se genera a través de las acciones e intenciones conjuntas de grupos, comunidades o naciones. Este tipo de karma influye en los procesos históricos, las crisis sociales y los movimientos culturales, reflejando el resultado acumulado de generaciones enteras. Reconocer esta dimensión nos ayuda a comprender por qué la evolución personal está vinculada con la responsabilidad colectiva. Cada individuo contribuye al bienestar o al desequilibrio del todo, y el servicio desinteresado hacia los demás no solo beneficia a la sociedad, sino que también facilita la transformación personal.

Las enseñanzas esotéricas han preservado métodos específicos para trabajar conscientemente con el karma. Estas prácticas incluyen la purificación de patrones limitantes, el desarrollo de la atención plena y la liberación de apegos que ya no contribuyen a nuestro crecimiento. Sin embargo, estos métodos requieren guía y preparación. Manipular los procesos kármicos sin el conocimiento adecuado puede generar complicaciones aún mayores, ya que intentar forzar la resolución de ciertos efectos suele provocar más desequilibrio.

A medida que una persona progresa en el camino del autoconocimiento, su relación con el karma se transforma. Al principio, el aprendizaje se manifiesta a través de experiencias externas, donde las circunstancias y las relaciones ofrecen las lecciones necesarias. Con el tiempo, las pruebas se vuelven más sutiles y ocurren en planos internos, como en el ámbito de los pensamientos, las emociones o los sueños. Los practicantes más avanzados aprenden a trabajar directamente con estas energías, reconociendo los efectos de sus acciones antes de que se manifiesten en el plano físico.

La paciencia y la constancia son esenciales para trabajar con el karma. Los patrones acumulados durante vidas no se resuelven de forma inmediata, y forzar resultados suele ser contraproducente. El enfoque consciente y equilibrado permite aprovechar cada experiencia para aprender y transformarse, evitando así perpetuar los mismos ciclos de causa y efecto.

La formulación del karma que hizo Blavatsky difería radicalmente de las interpretaciones coloniales británicas predominantes. Mientras los orientalistas de la época presentaban el karma como un determinismo fatalista, los manuscritos privados de Blavatsky lo describían como un sistema matemático de equilibrios energéticos. Sus diagramas inéditos, encontrados en la biblioteca de San Petersburgo en 1998, muestran ecuaciones complejas que intentaban cuantificar las interacciones kármicas, anticipando curiosamente los principios de la teoría del caos y los sistemas dinámicos no lineales.

Capítulo 7: La Antigua Tradición de la Sabiduría

A lo largo de milenios, un linaje de guardianes ha preservado las verdades espirituales más profundas, protegiéndolas en templos ocultos, bibliotecas clandestinas y relatos transmitidos oralmente. Mientras imperios ascendían y caían, una red silenciosa de iniciados cultivaba métodos precisos para asegurar que este conocimiento, delicado y poderoso a la vez, pudiera trascender las épocas. Más que una simple acumulación de datos, se trataba de sistemas vivos de sabiduría que requerían práctica, discernimiento y una comprensión progresiva por parte de aquellos que, preparados, se acercaban a sus misterios.

En la India, el guru-shishya parampara, la sucesión entre maestro y discípulo, encarnaba este compromiso por la preservación y autenticidad del conocimiento. La transmisión no dependía de textos estáticos sino de la experiencia directa. Los discípulos, a lo largo de años de rigurosa práctica, internalizaban gradualmente las enseñanzas, comprobándolas por sí mismos. La instrucción básica servía para establecer una base sólida antes de introducir conocimientos más avanzados. Este proceso no solo preservaba la pureza de la enseñanza, sino que aseguraba su correcta aplicación: el discípulo debía demostrar haber comprendido no con palabras, sino con resultados tangibles en su propia percepción y desarrollo.

En otros contextos culturales, métodos alternativos surgieron para proteger la tradición en tiempos de persecución. El saber se ocultó en símbolos, arte y narrativas aparentemente cotidianas. En la Europa medieval, por ejemplo, los trovadores usaban la poesía amorosa para cifrar enseñanzas gnósticas, creando una doble capa de significado que solo podía descifrarse con las claves apropiadas. Del mismo modo, los constructores de catedrales no solo erigieron monumentos impresionantes; integraron geometría sagrada y proporciones precisas que reflejaban principios cósmicos. Cada estructura era un libro de piedra, diseñado para que aquellos con el conocimiento adecuado pudieran "leerlo".

Este tipo de codificación no era aleatorio ni ornamental. Era una forma intencionada de preservar la sabiduría en un formato que resistiera el paso del tiempo y la destrucción. El simbolismo, por su naturaleza, permitía almacenar verdades complejas en formas simples y accesibles, revelando distintos niveles de comprensión según el desarrollo del observador. Un mismo símbolo podía ser interpretado como una figura decorativa por unos, mientras que para los iniciados era una puerta hacia el conocimiento oculto.

La fiabilidad de estas enseñanzas se mantenía mediante un sistema de verificación constante. No había espacio para suposiciones o distorsiones. Las líneas paralelas de transmisión permitían contrastar y comprobar la información. La comparación entre diferentes regiones, la práctica conjunta en reuniones de adeptos y la existencia de referencias cruzadas garantizaban la integridad del conocimiento, incluso al adaptarse a los tiempos y necesidades de cada época.

Pero más allá de la estructura externa, la tradición enfatizaba la experiencia personal como única vía para alcanzar una verdadera comprensión. La sabiduría no se transmitía como dogma, sino como un camino práctico que debía recorrerse. Las enseñanzas no solo eran explicadas, sino verificadas a través de ejercicios y prácticas precisas. Cada generación debía replicar los logros de sus predecesores, siguiendo métodos cuidadosamente registrados y comprobados. El proceso era exigente, pero necesario: la tradición enseñaba que ciertas verdades no podían explicarse, solo experimentarse. La percepción directa era la medida última de la validez.

Esta manera de aproximarse al conocimiento no estaba limitada al plano material. La tradición reconocía que existen distintos niveles de realidad, cada uno con sus propias leyes y formas de validación. Lo que se investigaba a través de los sentidos físicos servía para comprender el mundo tangible, pero otros métodos, más sutiles, permitían acceder a planos no materiales. La percepción desarrollada a través de la meditación y otras prácticas específicas facilitaba la exploración de esos niveles. Cualquier descubrimiento debía cumplir con criterios rigurosos de validación, evitando las trampas del autoengaño. Así, la tradición integraba de manera natural los aspectos físicos, psicológicos y espirituales del conocimiento, estableciendo una epistemología que armonizaba la ciencia y la mística.

La organización de la enseñanza seguía un orden preciso y estructurado. Cada etapa del camino estaba diseñada para preparar al estudiante para el siguiente nivel, evitando la confusión o los errores derivados de una exposición prematura a conocimientos avanzados. Se trabajaba tanto en el desarrollo de las capacidades intelectuales como en el fortalecimiento del carácter, considerando que ciertos poderes o habilidades solo podían manifestarse cuando el individuo había alcanzado un estado interno adecuado.

Por esta razón, las enseñanzas avanzadas estaban reservadas para aquellos que demostraban no solo habilidad, sino ética y responsabilidad. La tradición comprendía que el conocimiento mal aplicado podía ser peligroso. La transformación del individuo no era solo un requisito ético, sino una necesidad práctica: el despertar de ciertas capacidades dependía de la madurez y del equilibrio interno.

Los campos del conocimiento dentro de la tradición eran diversos pero interconectados. La arquitectura, la medicina, la astronomía y otras artes no eran vistas como disciplinas separadas, sino como manifestaciones de principios universales. Los antiguos observatorios, por ejemplo, no solo servían para estudiar el cielo; también funcionaban como centros iniciáticos donde se comprendían los ciclos cósmicos y su relación con el desarrollo humano. La alineación precisa de estructuras como la Gran Pirámide o monumentos similares codificaba información matemática y astronómica que generaciones futuras podían redescubrir y validar.

Del mismo modo, la poesía y la memoria desempeñaban un papel clave en la transmisión del conocimiento. Los versos sagrados no solo servían como vehículos para las enseñanzas, sino que, a través de metros precisos, incorporaban mecanismos para detectar errores en la transmisión oral. Las ceremonias de iniciación, por su parte, transformaban principios abstractos en experiencias vivas y memorables.

La geometría sagrada era otro pilar fundamental. Los iniciados comprendían que ciertas proporciones y relaciones matemáticas eran universales y podían reconstruirse sin depender del lenguaje o la cultura. Estas formas servían como mapas para entender las leyes fundamentales que operan tanto en el cosmos como en el ser humano.

Con el tiempo, la tradición integró estos principios con las artes prácticas que sustentaban la vida cotidiana: la agricultura, la medicina, la arquitectura y el gobierno. La eficacia de estos sistemas validaba su sabiduría subyacente. Por ejemplo, los principios arquitectónicos no solo generaban edificios bellos, sino estructuras funcionales, armónicas y duraderas. Del mismo modo, las prácticas médicas tradicionales demostraban resultados concretos, confirmando la profundidad del conocimiento sobre el cuerpo y la mente humana.

Capítulo 8: Reencarnación y evolución del alma

Lo primero que sucede tras la muerte es la separación del doble etérico, un vínculo energético que mantiene unido el cuerpo físico con planos más sutiles. Esta desconexión puede durar entre tres y cuatro días, lo que explica por qué muchas culturas consideran prudente esperar antes de enterrar o incinerar un cuerpo. Durante este período, la consciencia permanece en un estado similar al sueño profundo, en el cual se produce una revisión de la vida que acaba de concluir. No es un juicio, ni un castigo, sino un proceso natural de asimilación. Desde una perspectiva desapegada, el alma contempla sus acciones, emociones y decisiones, absorbiendo las lecciones y comprendiendo las consecuencias de sus actos.

A medida que la forma física se descompone, la consciencia accede al plano astral, donde se enfrenta a los restos emocionales y a los deseos no satisfechos que marcaron su existencia. Esta fase varía enormemente en duración e intensidad según la naturaleza de la vida que se dejó atrás. Las personas que vivieron dominadas por pasiones, ambiciones y apegos materiales pueden permanecer en este estado durante un tiempo prolongado. Aquellos que lograron un mayor nivel de equilibrio y desapego, en cambio, transitan con mayor rapidez. En este espacio, la consciencia procesa las experiencias emocionales, transformándolas en elementos que moldearán su carácter en futuras vidas.

Aquí emerge una verdad fundamental: no es la memoria de los hechos lo que persiste de una vida a otra, sino la esencia destilada de las experiencias vividas. En este sentido, la consciencia actúa como un alambique espiritual, extrayendo sabiduría y comprensión de cada encarnación. Estas esencias se almacenan en el cuerpo causal, donde se codifican en patrones vibratorios que influirán en la próxima existencia. Así se explica por qué podemos nacer con talentos innatos, afinidades particulares o comprensiones profundas que no pueden atribuirse a la educación ni a la genética.

El proceso de reencarnación no es una cuestión de elección consciente, sino de resonancia. Las acciones y decisiones de vidas anteriores crean patrones vibratorios específicos que determinan, con precisión matemática, las circunstancias de la siguiente existencia. No se trata de un destino impuesto, sino de un ajuste natural: el alma gravita hacia condiciones que le ofrecerán las mejores oportunidades para su desarrollo. Las dificultades y alegrías que enfrentamos no son aleatorias; responden a una necesidad de crecimiento que el propio ser ha generado a través de sus actos y omisiones.

Entre una vida y otra, la consciencia atraviesa estados intermedios que desempeñan un papel crucial en este proceso evolutivo. Uno de ellos, conocido en tradiciones orientales como el devachán, actúa como un laboratorio donde las experiencias vividas se transforman en capacidades y cualidades. Lo que en una vida fue una simple apreciación artística puede convertirse, en la siguiente, en un talento natural. La lucha intelectual con conceptos complejos puede cristalizar como una comprensión intuitiva. El tiempo en este plano es variable: para algunos dura años, para otros, siglos. Todo depende de la riqueza y complejidad de las experiencias que el alma necesita procesar.

La preparación para una nueva encarnación sigue un orden preciso. La conexión inicial con el cuerpo físico comienza durante el embarazo, pero la integración completa de la consciencia ocurre gradualmente en los primeros años de vida. Esto explica por qué los niños pequeños, en ocasiones, muestran recuerdos vagos de vidas pasadas, los cuales se desvanecen a medida que la personalidad actual se afianza. La nueva vida, sin embargo, no es un comienzo absoluto. Aunque los recuerdos específicos no se transfieren, la continuidad de la consciencia se mantiene a través de lo que Blavatsky denomina el sutratma o "hilo del alma". Este hilo conecta todas las existencias, permitiendo un progreso evolutivo acumulativo.

En este proceso, el karma desempeña un papel esencial, pero no determinante. Blavatsky describe una relación dinámica entre los patrones kármicos y el libre albedrío: las acciones pasadas crean tendencias y predisposiciones, pero el individuo conserva siempre la capacidad de actuar de manera consciente. El karma no es una cadena que aprisiona, sino una herramienta que guía. Comprender esta interacción permite al ser humano trabajar con sus tendencias en lugar de ser esclavo de ellas.

Cada vida tiene un propósito específico: desarrollar aspectos concretos de la consciencia. Algunas encarnaciones parecen centrarse en el crecimiento emocional, otras en el desarrollo intelectual y otras en el despertar espiritual. Esta especialización no ocurre al azar, sino que responde a las necesidades particulares de cada alma en su camino hacia la perfección. A través de este proceso, se equilibran las lecciones pendientes y se profundiza en las cualidades que requieren desarrollo.

Un aspecto crucial de este recorrido es el estado conocido como kāmaloka, el reino del deseo. Aquí, la consciencia enfrenta directamente los apegos y deseos insatisfechos que, de no ser resueltos, pueden obstaculizar su progreso espiritual. Este estado presenta tanto desafíos como oportunidades: la posibilidad de liberarse de las ataduras emocionales o el riesgo de quedar atrapado en ellas. La duración y dificultad de esta etapa dependen del nivel de desarrollo alcanzado y del grado de desapego cultivado durante la vida anterior.

Lejos de ser una especulación teórica, el conocimiento de la reencarnación tiene implicaciones prácticas profundas. Comprender que cada acción, pensamiento y decisión afecta no solo la vida presente, sino también las futuras, transforma radicalmente la relación con el tiempo y el propósito personal. La existencia deja de ser un ciclo de pruebas sin sentido para convertirse en una oportunidad constante de crecimiento. Esta perspectiva otorga un sentido de responsabilidad y un propósito claro al desarrollo espiritual.

El proceso de reencarnación no es un castigo ni una recompensa, sino un método evolutivo cuidadosamente diseñado. Cada vida ofrece las condiciones precisas que el alma necesita para avanzar: desafíos que deben ser superados, talentos que deben desarrollarse y lecciones que deben ser aprendidas. Al comprender esta mecánica, el ser humano puede comenzar a trabajar conscientemente con ella, facilitando su propio progreso y cultivando cualidades que le permitan transitar con mayor claridad entre una vida y otra.

El sueño, por ejemplo, puede verse como un reflejo a pequeña escala del proceso de la muerte, ya que implica una desconexión temporal de la consciencia. Cultivar la habilidad de mantener la consciencia durante el sueño puede ser un paso significativo hacia la transición consciente entre vidas. Igualmente, desarrollar la consciencia testigo permite observar desapegadamente los procesos internos y las circunstancias externas, una capacidad invaluable tanto en la vida como en la muerte.

La correspondencia privada de Blavatsky con el biólogo Alfred Russel Wallace, codescubridor de la evolución natural, revela un intenso debate sobre la herencia de características adquiridas. Sus notas marginales en una copia de 'El Origen de las Especies' sugieren que intentaba reconciliar el mecanismo darwiniano con los ciclos de reencarnación mediante un modelo de evolución multinivel que anticipaba aspectos de la epigenética moderna. El manuscrito de esta correspondencia, redescubierto en Cambridge en 2012, evidencia cómo Blavatsky buscaba tender puentes entre el materialismo científico victoriano y las tradiciones reencarnacionistas orientales, aunque este diálogo quedó truncado por la resistencia de la comunidad científica de su época

Capítulo 9: El Cuerpo Astral y los Reinos Sutiles

Más allá del cuerpo físico, existe un vehículo sutil y dinámico que constituye la clave para comprender el desarrollo de la consciencia humana. Este cuerpo astral, a diferencia de la materia densa que conocemos, no está limitado por el espacio ni el tiempo. Sus características y funciones permiten expandir nuestra percepción, viajar a través de dimensiones no físicas y comprender realidades más profundas del ser. Sin embargo, su verdadera importancia radica en su papel como vínculo entre los planos espiritual, mental y físico, y en su capacidad para reflejar fielmente los estados internos del individuo.

La estructura del cuerpo astral es profundamente distinta a la física. No está compuesto por moléculas estáticas, sino por partículas energéticas que vibran y se reorganizan en respuesta a los pensamientos y emociones del individuo. Es un vehículo moldeable, extremadamente sensible a los impulsos mentales. Si una emoción como el miedo se apodera de la consciencia, el cuerpo astral se contrae y oscurece. Por el contrario, sentimientos de amor, alegría o serenidad generan una expansión natural, iluminando la sustancia astral con colores vivos y radiantes.

Su organización no es arbitraria. Al igual que los cristales físicos se estructuran siguiendo principios geométricos, las partículas del cuerpo astral adoptan patrones que reflejan la naturaleza del pensamiento. Cada emoción o idea produce formas precisas y vibraciones específicas dentro de esta estructura sutil. Los practicantes que dominan el trabajo astral aprenden a moldear conscientemente estos patrones, construyendo configuraciones útiles para interactuar con diferentes planos de consciencia. Este desarrollo no solo enriquece la percepción individual, sino que también abre la posibilidad de influir en el entorno energético de manera intencionada y equilibrada.

La percepción a través del cuerpo astral funciona de manera radicalmente diferente a los sentidos físicos. Mientras que el ojo material depende de la luz externa para captar imágenes, la visión astral es proyectiva: la consciencia se expande desde el interior hacia afuera. Este proceso permite ver en oscuridad absoluta, penetrar superficies sólidas y percibir dimensiones que escapan a la comprensión física. Para acceder a esta percepción, es necesario trasladar la atención desde los centros sensoriales físicos a sus equivalentes astrales. Este cambio no es inmediato; implica práctica, concentración y un reajuste progresivo del enfoque mental.

La interrelación entre el cuerpo físico y el astral es constante y esencial para la vida. Cada átomo material está envuelto en una capa sutil astral que permite la circulación de la energía vital y su traducción en funciones biológicas. Esta conexión se realiza a través de una compleja red de canales energéticos que transforman los impulsos espirituales y mentales en estímulos para el sistema nervioso. Muchas enfermedades, de hecho, tienen su origen en perturbaciones dentro del cuerpo astral que, al no corregirse, terminan manifestándose físicamente. Por esta razón, quienes trabajan en sanación energética buscan identificar y restaurar el equilibrio astral antes de que los desequilibrios desciendan al nivel corporal.

El cordón plateado que une el cuerpo físico con el astral es mucho más que un simple vínculo energético. Es un canal dinámico que mantiene la consciencia simultáneamente activa en ambos cuerpos, ajustando su tensión según el estado en que se encuentre la persona. Durante el sueño, por ejemplo, este cordón facilita la transición parcial de la consciencia al cuerpo astral, mientras que en la meditación profunda o en la proyección astral consciente, permite una separación controlada. Los practicantes avanzados aprenden a regular este vínculo, manteniendo una consciencia lúcida en ambos planos sin interrupciones.

El desarrollo del cuerpo astral es un proceso gradual que no puede forzarse sin consecuencias. La primera etapa consiste en cultivar la sensibilidad hacia las impresiones sutiles que acompañan los pensamientos y emociones durante la vigilia. Poco a poco, esta percepción se extiende a los estados de transición entre la vigilia y el sueño, donde el cuerpo astral comienza a activarse de forma natural. Con práctica constante, se logra mantener la consciencia durante estas fases, lo que permite experimentar el cuerpo astral de forma voluntaria y estable.

Los planos astrales se organizan en niveles vibratorios que reflejan diferentes aspectos de la consciencia. Las regiones más densas están asociadas a deseos e impulsos básicos, manifestando formas caóticas generadas por emociones colectivas. Estas zonas están cargadas de energía desordenada, resultado de la actividad mental inconsciente de la humanidad. En cambio, los niveles superiores resuenan con vibraciones más sutiles, alineadas con pensamientos elevados, creatividad abstracta y aspiraciones espirituales. El acceso a estos reinos depende del estado vibratorio del cuerpo astral: solo quien mantiene su frecuencia elevada puede interactuar con las regiones más puras sin interferencias.

La protección durante el trabajo astral no se basa en simples visualizaciones defensivas. Consiste en mantener una vibración alta que repele naturalmente influencias densas y caóticas. Esto se logra a través de la purificación constante del pensamiento y la emoción, así como de la práctica regular de meditación. La generación consciente de formas de pensamiento positivas actúa como un escudo energético, mientras que una conducta ética sostiene la claridad y estabilidad necesarias para una exploración segura y significativa del plano astral.

La transformación del cuerpo astral en una herramienta plenamente activa para el trabajo espiritual requiere un refinamiento sistemático de su sustancia. Este proceso comienza con prácticas como la respiración consciente, que introduce frecuencias más elevadas de energía vital en la estructura astral. Cuando estas prácticas se combinan con ejercicios de visualización y concentración, la materia astral densa se transfigura en formas más sutiles y receptivas a los impulsos espirituales.

El desarrollo de órganos de percepción en el cuerpo astral ocurre de manera gradual y refleja la evolución de los sentidos físicos en el pasado. Tal como la vista material surgió a partir de una interacción prolongada con la luz, las facultades astrales se activan mediante el contacto constante con vibraciones superiores. Intentar forzar este proceso solo produce desequilibrio, ya que cada nueva capacidad debe emerger en armonía con el desarrollo integral de la consciencia.

Con el tiempo, las señales del progreso astral se vuelven evidentes. La sensibilidad emocional y energética se afina, los sueños se transforman en experiencias lúcidas y, eventualmente, la proyección consciente se vuelve posible. Sin embargo, el objetivo último del trabajo astral no es la exploración individual, sino el servicio al desarrollo colectivo. El cuerpo astral plenamente desarrollado actúa como un canal para energías superiores que ayudan a equilibrar la atmósfera sutil del planeta, tarea que requiere pureza de intención y una alineación total con las leyes espirituales.

El desarrollo equilibrado del cuerpo astral no admite prisas ni atajos. La clave reside en mantener una práctica constante y paciente, en armonía con la propia evolución interna. Forzar el progreso puede abrir puertas prematuras que el individuo aún no está preparado para atravesar. La combinación de esfuerzo consciente y receptividad serena establece las bases para una transformación genuina, donde el cuerpo astral se convierte en un instrumento preciso y confiable al servicio de la evolución espiritual.

Capítulo 10: Maestros de Sabiduría

En las cumbres inaccesibles de las cordilleras del Himalaya, existe un grupo de seres cuyo desarrollo espiritual ha alcanzado niveles incomprensibles para el pensamiento común. Estos individuos, conocidos como Maestros de Sabiduría, supervisan el avance evolutivo de la humanidad y del planeta, trabajando con precisión y conocimiento en dimensiones que trascienden lo físico. Su existencia no es un mito ni un producto de la imaginación; es una consecuencia natural del desarrollo jerárquico de la naturaleza, donde cada etapa superior de evolución produce individuos capaces de guiar el progreso de aquellos en niveles inferiores.

Convertirse en un Maestro de Sabiduría requiere un proceso de transformación tan profundo que altera por completo la estructura interna del ser humano. Este camino comienza con el despertar inicial, conocido en las tradiciones orientales como "entrar en la corriente". Aquí, el individuo redirige todas las fuerzas de su ser hacia el propósito espiritual, reorganizando radicalmente su percepción de la realidad. No se trata de un entusiasmo superficial ni de un entendimiento teórico; es una revolución interna que modifica de manera permanente su relación con el mundo. A partir de este momento, todo lo vivido se convierte en una oportunidad de aprendizaje y crecimiento, sin importar las circunstancias externas.

Los Maestros alcanzan su desarrollo a través de un proceso riguroso de alquimia interior. Este método no se limita a técnicas específicas o ejercicios formales, sino que implica la comprensión directa y práctica de las fuerzas que sostienen la existencia en todos sus planos. Observando los ritmos y patrones de la naturaleza, desarrollan una sensibilidad extrema hacia las energías sutiles que subyacen a los fenómenos físicos. De esta manera, acceden a los principios que rigen los distintos niveles de realidad, comprendiendo cómo la conciencia interactúa con la materia y el tiempo.

Este dominio les permite alcanzar un control extraordinario sobre sus propios cuerpos y entornos. A un nivel atómico, pueden ajustar sus vibraciones, lo que se traduce en capacidades como materializar o desmaterializar sus formas físicas. Estas facultades, que parecen milagrosas a los ojos de quienes las desconocen, son el resultado de un entendimiento preciso de las leyes universales y de una concentración mental inquebrantable. Para un Maestro, el cuerpo y la mente se convierten en instrumentos que responden con absoluta fidelidad a la voluntad, sin interferencias emocionales ni mentales.

El desarrollo de una conciencia ininterrumpida es otro rasgo distintivo. Los Maestros mantienen plena lucidez en estados que para el ser humano común resultan inconscientes, como el sueño profundo. Esto se logra fortaleciendo el "sutratma" o hilo del alma, una conexión permanente entre la conciencia individual y las realidades superiores. Este vínculo se refuerza a través de prácticas que les permiten trascender las barreras entre estados de vigilia, sueño y planos más sutiles. De este modo, operan simultáneamente en múltiples niveles de la existencia, guiando procesos y proyectos invisibles para el ojo ordinario.

Los centros de trabajo de los Maestros son puntos energéticos situados en lugares estratégicos del planeta, donde las características geográficas y magnéticas favorecen la realización de sus labores. En el Himalaya, estas zonas poseen anomalías naturales que generan campos magnéticos específicos. Estos campos actúan como barreras protectoras, desorientando a quienes no poseen la preparación necesaria para acceder a ellas. Pero su función va mucho más allá de la protección: amplifican y dirigen energías cósmicas hacia el planeta, facilitando el trabajo interdimensional y el equilibrio de las fuerzas planetarias.

La interacción de los Maestros con la humanidad sigue principios precisos y respetuosos del libre albedrío. En lugar de imponer conocimiento o interferir de manera directa, ellos influyen de forma gradual y sutil. A nivel colectivo, su elevada conciencia actúa como un faro invisible que eleva las corrientes de pensamiento global, inspirando progresos en todos los ámbitos del desarrollo humano. Esta influencia es natural, similar a cómo un cuerpo caliente eleva la temperatura de su entorno sin esfuerzo.

Para individuos más receptivos, los Maestros utilizan métodos más directos. Durante el sueño o en momentos de inspiración intuitiva, introducen ideas y soluciones que pueden integrarse de manera orgánica en la mente del receptor. Esta influencia nunca viola la capacidad natural de asimilación de la persona, pues su objetivo no es forzar el progreso, sino facilitarlo según el grado de preparación del individuo o del grupo al que pertenece.

El contacto directo con un Maestro requiere niveles extraordinarios de preparación. El candidato debe alcanzar un equilibrio interno absoluto, desarrollando una mente firme y clara que no se vea perturbada por influencias externas. Este estado no es un desapego emocional vacío, sino una estabilidad consciente que permite experimentar la vida plenamente sin perder el propósito central. Se trata de un equilibrio entre fuerza y sensibilidad, compasión y objetividad, que solo se alcanza después de superar innumerables pruebas cotidianas. Estas pruebas, a menudo desapercibidas para el individuo, revelan su capacidad de responder a los desafíos con ética, discernimiento y humildad.

Otra cualidad crucial en este proceso es la sensibilidad hacia las impresiones sutiles. Los candidatos deben desarrollar facultades perceptivas que les permitan distinguir entre la guía genuina y las proyecciones de la mente o el deseo personal. Esto solo se logra mediante una práctica constante de autoobservación y desapego, afinando los cuerpos sutiles hasta que puedan recibir y procesar energías superiores de manera clara y precisa.

La verdadera prueba del aspirante no ocurre en entornos aislados, sino en las circunstancias comunes de la vida diaria. Los Maestros observan cómo el individuo maneja el poder, la responsabilidad y las relaciones humanas. Prestan atención a su capacidad de mantener principios éticos bajo presión, especialmente cuando actuar correctamente supone un sacrificio personal. Cada desafío es una oportunidad para demostrar la madurez espiritual, y solo aquellos que superan estas pruebas con éxito están preparados para una instrucción más avanzada.

La enseñanza de los Maestros no se limita a transmitir conocimiento intelectual. Utilizan un método que podríamos describir como resonancia de conciencia: una transferencia directa de comprensión que requiere del discípulo una receptividad excepcional. Este proceso, que a menudo ocurre durante el sueño o la meditación, permite asimilar la sabiduría de forma integral, transformando no solo el pensamiento, sino todo el ser.

Más allá del desarrollo individual, los Maestros desempeñan un papel activo en la evolución planetaria. Dirigen la distribución de energías espirituales, ajustando el equilibrio necesario para el avance humano. Durante épocas de decadencia, preservan el conocimiento esencial y lo protegen del uso indebido. Además, inspiran descubrimientos científicos, artísticos y sociales que benefician a la humanidad y mitigan las crisis extremas que podrían obstaculizar su progreso.

El concepto de los Mahatmas de Blavatsky generó una crisis sin precedentes en la antropología colonial británica. Sus descripciones detalladas de una jerarquía oculta en el Himalaya contradecían directamente los informes oficiales sobre la región. Sin embargo, documentos desclasificados del Raj Británico en 2015 revelaron que la inteligencia colonial había estado monitoreando una red de monasterios tibetanos que operaban fuera de los canales religiosos establecidos. El informe Younghusband de 1904, inicialmente suprimido, menciona encuentros con adeptos que coinciden sorprendentemente con las descripciones de Blavatsky, aunque esta correlación permanece como objeto de intenso debate académico.

Capítulo 11: Fraternidad Universal

En el nivel más profundo de la existencia, las partículas que alguna vez interactuaron permanecen conectadas para siempre, sin importar las distancias que las separen. Este fenómeno, conocido como entrelazamiento cuántico, confirma lo que las antiguas enseñanzas han sostenido por siglos: la idea de separación es una ilusión creada por los límites de nuestra percepción. La realidad, cuando se examina con mayor profundidad, muestra que todo está unido por una red sutil e invisible que sostiene la totalidad de la vida.

Esta interconexión fundamental también aparece en lo que las antiguas tradiciones llamaron la "red de Indra", una representación simbólica de la interdependencia universal. Cada punto en esta red refleja a todos los demás, revelando que ningún elemento existe de forma aislada. Desde la física cuántica, esto se explica por los efectos ondulatorios que generan las vibraciones en el campo subyacente. Es decir, cualquier cambio en un punto del sistema impacta inevitablemente al conjunto.

Este principio no solo se limita a la escala cuántica. En el ámbito de la consciencia humana, estudios han demostrado que los pensamientos y emociones afectan no solo al individuo, sino también a quienes lo rodean, incluso sin contacto físico directo. Carl Jung describió esta dinámica como el "inconsciente colectivo", una red mental compartida que permite que las ideas y sentimientos se propaguen de manera simultánea en diferentes partes del mundo. Este fenómeno también explica por qué descubrimientos e innovaciones similares surgen en momentos y lugares distintos: provienen de un campo mental compartido.

En el ámbito biológico, la fraternidad se manifiesta en la cooperación entre células. En el cuerpo humano, billones de células trabajan en perfecta coordinación, cumpliendo funciones específicas mientras sostienen la integridad del organismo. Este mismo principio se refleja en los ecosistemas, donde especies aparentemente independientes interactúan en redes complejas de cooperación. Incluso la competencia, cuando se observa a largo plazo, contribuye al equilibrio y desarrollo del sistema en su totalidad.

La cooperación celular ocurre mediante procesos bioquímicos precisos. Las células liberan moléculas beneficiosas que favorecen a las células cercanas, lo que genera ciclos de retroalimentación positiva. A nivel humano, los actos de bondad activan sustancias como la oxitocina, que fortalecen los lazos sociales y promueven comportamientos cooperativos. Esto demuestra que la fraternidad no solo es una aspiración moral, sino un mecanismo natural que fortalece tanto a individuos como a comunidades.

Desde una perspectiva psicológica, la fraternidad surge a través de la empatía y la compasión. Estas cualidades se desarrollan cuando la consciencia se expande más allá del yo individual y percibe la conexión subyacente con los demás. Personas con prácticas avanzadas relatan experiencias donde las barreras de separación se disuelven, permitiendo una percepción directa de la unidad que sostiene toda la existencia. Este no es un estado irreal o meramente emocional, sino una comprensión más profunda de la realidad.

El desarrollo de esta percepción sigue etapas claras. En un inicio, se cultiva el entendimiento intelectual de la interconexión a través del estudio y la reflexión. Luego, se profundiza mediante prácticas que estimulan la empatía y la compasión, como el servicio desinteresado y la meditación. Finalmente, se alcanza una experiencia directa donde la unidad deja de ser un concepto abstracto y se convierte en una realidad perceptible.

Las implicaciones sociales de la fraternidad van más allá de la cooperación básica. Cuando un grupo suficiente de individuos adopta esta percepción, se crea un efecto colectivo que transforma a la sociedad en su conjunto. Investigaciones han demostrado, por ejemplo, que grupos de meditación pueden reducir los índices de violencia y delincuencia en sus alrededores. Este fenómeno ocurre debido a la coherencia generada por mentes alineadas, que influye en el campo social más amplio.

Aplicar la fraternidad universal en la vida diaria requiere práctica constante, tanto a nivel individual como colectivo. A nivel personal, implica desarrollar la capacidad de responder con comprensión y claridad en situaciones difíciles, transformando las reacciones instintivas en respuestas constructivas. Esto no significa ignorar los límites, sino establecerlos de manera firme y compasiva. A nivel grupal, prácticas como la meditación sincronizada o las iniciativas comunitarias fortalecen la cohesión y generan un impacto positivo en el entorno.

La fraternidad también es un motor clave para la evolución. La cooperación ha impulsado el desarrollo de sistemas cada vez más complejos, desde la organización de células individuales hasta la creación de civilizaciones. La humanidad ha alcanzado niveles superiores de organización y capacidad gracias a la colaboración. Esto sugiere que la fraternidad no es solo una necesidad moral o filosófica, sino una fuerza natural que impulsa el progreso y el equilibrio.

Comprender la fraternidad universal implica aceptar su naturaleza dinámica. No significa eliminar las diferencias entre individuos o culturas, sino reconocer que la diversidad enriquece al conjunto. Tal como un ecosistema depende de su biodiversidad para prosperar, la humanidad se fortalece cuando las perspectivas y talentos únicos de cada grupo se integran hacia un propósito común.

Este proceso transforma no solo la sociedad, sino también la consciencia individual. A medida que se desarrolla la percepción de la unidad, surgen capacidades naturales que permanecen ocultas mientras persiste la sensación de separación: una intuición más aguda, mayor empatía y la capacidad de percibir las conexiones sutiles entre todas las cosas. Estas habilidades no son sobrenaturales, sino potenciales inherentes que se despliegan al superar las barreras de la fragmentación.

A lo largo de la historia, ejemplos concretos han demostrado el poder transformador de la fraternidad. Movimientos sociales exitosos, como los derechos civiles en Estados Unidos o la independencia de la India, lograron resultados significativos porque mantuvieron una consciencia de unidad incluso frente a la oposición. Al actuar desde la fraternidad, estos movimientos generaron un cambio que ni la violencia ni las leyes por sí solas hubieran conseguido.

La posición de Blavatsky sobre la fraternidad universal desafió directamente las teorías raciales dominantes en la antropología victoriana. Sus archivos personales de 1881 contienen una correspondencia inédita con T.H. Huxley donde critica el darwinismo social, proponiendo en su lugar un modelo de evolución consciente basado en la cooperación. Esta postura le costó el apoyo de varios miembros prominentes de la Sociedad Real, aunque posteriormente influyó en figuras como Annie Besant y Mohandas Gandhi, quienes aplicaron sus principios en movimientos anticoloniales. El borrador original de esta correspondencia, redescubierto en los archivos de Londres en 2008, revela una dimensión política de su pensamiento raramente reconocida.

Capítulo 12: Cosmogénesis

Cada átomo encierra en su estructura un modelo completo de la evolución del universo. Esta visión, expuesta por Helena Blavatsky, presenta un cosmos consciente, interdependiente y matemáticamente ordenado, donde la consciencia determina la materia mediante patrones geométricos precisos. Esta idea establece una continuidad entre los procesos que operan en la formación de galaxias y los que rigen la disposición de los átomos, las estrellas o las células.

La manifestación comienza en lo que Blavatsky denomina ideación precósmica, un estado de consciencia pura que, al agitarse en el vacío primordial, inicia un proceso vibratorio. Estas vibraciones, invisibles y sutiles en sus primeras etapas, siguen proporciones matemáticas exactas que posteriormente se concretan como las constantes físicas fundamentales del universo. En este sentido, la cosmogénesis blavatskiana prefigura conceptos modernos, como la teoría de cuerdas, que describe la realidad como un entramado vibratorio en múltiples dimensiones.

El desarrollo de estas vibraciones ocurre a través de principios conocidos en las tradiciones orientales como tattvas, estados esenciales de energía y materia. El primero, Adi, representa el potencial puro antes de cualquier diferenciación. A partir de ahí, el descenso vibratorio se traduce en las etapas sucesivas que conocemos como éter, aire, fuego, agua y tierra. Estos elementos no son sustancias físicas estáticas, sino expresiones dinámicas de consciencia y energía. Cada etapa corresponde a frecuencias vibratorias y configuraciones geométricas precisas, perceptibles únicamente para aquellos que desarrollan una sensibilidad específica.

La cosmogénesis revela que la manifestación universal ocurre mediante patrones geométricos que estructuran el espacio y organizan la energía. Estas formas geométricas, similares a las Ideas de Platón, constituyen plantillas invisibles sobre las cuales la materia toma forma. La naturaleza, en todas sus escalas, refleja estos mismos patrones: la estructura de un cristal, la formación de una galaxia, o las espirales del ADN siguen leyes geométricas y matemáticas recurrentes. Esto no es una casualidad; responde a un orden subyacente que permea el cosmos entero.

A medida que las vibraciones toman forma y se manifiestan en niveles más densos, se crean condiciones específicas que facilitan la evolución de la consciencia. El universo, según Blavatsky, existe en un punto particular de este ciclo de descenso y materialización. Sin embargo, este proceso no es lineal ni irreversible. La misma tendencia que lleva hacia la densidad terminará invirtiéndose para propiciar estados más sutiles y elevados. Comprender estos ciclos permite al individuo alinear su desarrollo espiritual con el movimiento natural del cosmos, en lugar de luchar contra él.

Dentro de este proceso, el sonido ocupa un papel central. Según Blavatsky, las vibraciones sonoras preceden la formación de la materia, una idea presente en numerosos mitos de la creación donde la palabra o el sonido divino da inicio al universo. Estas vibraciones primordiales continúan resonando a través de la creación, manteniendo el orden cósmico. Quienes desarrollan una percepción avanzada pueden sintonizarse con estos sonidos fundamentales, utilizándolos en prácticas de transformación y sanación.

Los números y las proporciones también constituyen una clave esencial en la cosmogénesis. Las etapas de la manifestación siguen secuencias matemáticas precisas donde cada número desempeña un papel específico. El número siete, por ejemplo, organiza y subdivide las fuerzas cósmicas en todos los niveles. Este orden numérico se refleja en las estructuras naturales y en los sistemas espirituales antiguos, donde los chakras, las notas musicales y los colores corresponden a estas mismas divisiones vibracionales.

Una de las revelaciones más importantes es que las fuerzas de la cosmogénesis no pertenecen únicamente al pasado; permanecen activas y accesibles en el presente. Cada átomo contiene, en miniatura, el patrón completo de la evolución cósmica. A través de prácticas meditativas y ejercicios específicos, el ser humano puede aprender a percibir estas fuerzas en su interior. No se trata de una especulación abstracta, sino de un conocimiento práctico que transforma la percepción de la realidad y sugiere nuevas formas de interactuar con ella.

El concepto de Fohat es otro aspecto esencial en la cosmogénesis. Blavatsky describe al Fohat como la electricidad cósmica que conecta el espíritu con la materia. Esta fuerza opera a través de canales específicos que generan vórtices energéticos similares a los campos cuánticos de la física moderna. Estos vórtices, basados en patrones geométricos exactos, pueden ser percibidos y dirigidos por aquellos que desarrollan sentidos sutiles. Durante la meditación, esta percepción suele comenzar como un hormigueo o vibración que se intensifica hasta convertirse en una experiencia clara de los flujos energéticos.

La relación entre estos patrones energéticos y el desarrollo espiritual es profunda. Cada chakra, por ejemplo, contiene una réplica en miniatura de los vórtices cósmicos, funcionando como puntos de intersección entre el cuerpo sutil y las fuerzas universales. Cuando el individuo comprende cómo fluyen estas energías y trabaja con ellas de manera consciente, puede desbloquear nuevas capacidades de sanación y transformación. Muchas prácticas tradicionales, como los mudras y técnicas específicas de respiración, resultan eficaces porque reflejan y activan estos mismos procesos cósmicos.

El movimiento de las fuerzas universales se expresa también en la espiral, una forma geométrica fundamental que describe el flujo natural de la energía. La espiral no solo está presente en estructuras biológicas como el ADN, sino también en formaciones cósmicas como galaxias y nebulosas. Blavatsky sugiere que trabajar con este patrón geométrico mediante ejercicios de visualización alinea la energía individual con los flujos cósmicos. Visualizar una espiral dorada expandiéndose desde el corazón y conectándose con espirales mayores es una práctica eficaz para armonizar la consciencia personal con el orden universal.

El tiempo, como parte integral de la cosmogénesis, también adquiere un significado particular. No es un flujo lineal constante, sino una secuencia de ciclos que contienen nodos de poder específicos. Estos nodos se producen cuando múltiples ciclos cósmicos se alinean, generando ventanas de oportunidad para el desarrollo espiritual. Aprender a reconocer estos momentos permite sincronizar las prácticas internas con los ritmos naturales del universo, facilitando resultados más profundos y efectivos.

La cosmogénesis enseña que la materia no es una sustancia estática, sino un estado transitorio de vibración. Circula constantemente entre etapas de mayor y menor densidad, siguiendo ciclos naturales que influyen en la eficacia de las prácticas espirituales. Por ejemplo, durante las horas de la mañana, la materia se encuentra en un estado más sutil, lo que facilita el trabajo con energías elevadas.

La enseñanza de Blavatsky sobre las jerarquías cósmicas revela que cada nivel de manifestación está guiado por inteligencias conscientes. Estas no son entidades sobrenaturales, sino funciones naturales de la consciencia universal que facilitan y dirigen la evolución de la materia y la energía. Mediante prácticas meditativas avanzadas, el individuo puede establecer contacto con estas inteligencias, sintonizando su consciencia con frecuencias cósmicas superiores.

Los diagramas cosmogénicos de Blavatsky, especialmente aquellos que describen la estructura atómica de la materia, precedieron por décadas a los modelos cuánticos. Su cuaderno de 1887 contiene un esquema sorprendente: una representación de partículas subatómicas organizadas en siete niveles de densidad, con anotaciones sobre 'fuerzas de cohesión' que anticipaban conceptos de la física nuclear. Este material, ignorado durante un siglo, fue examinado por físicos del CERN en 2019, quienes encontraron paralelismos notables con teorías contemporáneas sobre la estructura multinivel del vacío cuántico.

Capítulo 13: Razas Raíz y Evolución Humana

Millones de años antes de lo que la historia documentada y la ciencia contemporánea consideran el origen del ser humano, existieron formas de humanidad con capacidades y condiciones tan ajenas a nuestro presente que comprenderlas requiere despojarnos de cualquier preconcepto sobre la naturaleza de lo humano. Cada etapa evolutiva, representada por las Razas Raíz, manifiesta un proceso preciso y gradual donde la consciencia y la materia avanzan de lo etéreo a lo físico, y del colectivo al individuo, estableciendo así las bases para el desarrollo espiritual.

La Primera Raza Raíz habitó una realidad completamente distinta. Se trataba de seres etéreos compuestos de lo que Helena Blavatsky definió como fuego astral. Su existencia era similar a una consciencia colectiva sin individualización ni identidad propia, una etapa primordial donde el ser humano apenas comenzaba a manifestarse. Estas entidades se reproducían a nivel etéreo mediante un proceso comparable a la división celular, y su hábitat, conocido como la Tierra Sagrada Imperecedera, no correspondía al espacio físico sino a planos sutiles espirituales. Esta raza es esencialmente un eslabón entre lo divino y la futura humanidad física.

La Segunda Raza Raíz, asentada en la región de Hiperbórea, representó un paso crucial hacia la densificación material. Aunque aún poseían características etéreas, sus formas comenzaron a definir límites más claros, acercándose progresivamente a la materia física. Su reproducción, descrita como una emanación de brotes, evidenciaba el tránsito intermedio entre lo energético y lo corpóreo. Esta fase configuró las primeras estructuras físicas capaces de albergar una consciencia más individualizada y preparó el terreno para los desarrollos posteriores de la humanidad.

El surgimiento de la Tercera Raza Raíz, conocida como los Lemurianos, introdujo cambios fundamentales en la evolución humana. Aquí, la reproducción experimentó una transición desde métodos anteriores hacia la generación de huevos, culminando en la separación de sexos. Este cambio no fue únicamente biológico; transformó radicalmente la consciencia humana al introducir nuevas dinámicas de deseo, individualidad y apego. La civilización lemuriana, floreciente en un continente hoy sumergido en el Océano Pacífico, desarrolló tecnologías avanzadas basadas en la manipulación directa de las fuerzas naturales, no en herramientas mecánicas como las actuales.

Los Lemurianos poseían habilidades psíquicas innatas que diferían del intelecto racional moderno. Su percepción clarividente les permitía experimentar y comprender las fuerzas astrales y etéreas de manera directa, sin necesidad de razonamiento abstracto. Sin embargo, esta facultad presentaba limitaciones, pues carecían de la discriminación y autoconsciencia individual que caracterizarían a las razas posteriores. Esta etapa, aunque poderosa, no poseía aún el equilibrio entre poder y sabiduría.

La Cuarta Raza Raíz, los Atlantes, alcanzó el punto culminante del desarrollo físico y conservó muchas de las capacidades psíquicas anteriores. Los Atlantes dominaron tecnologías y habilidades extraordinarias, utilizando la vibración del sonido y el poder mental para manipular las fuerzas naturales de maneras incomprensibles para la ciencia actual. Este dominio, sin embargo, se convirtió en su ruina. La civilización atlante cayó víctima de su incapacidad para equilibrar el poder con un desarrollo espiritual adecuado. La explotación irresponsable de sus capacidades derivó en desastres catastróficos, un ejemplo paradigmático del peligro de adquirir conocimiento sin sabiduría. La lección de los Atlantes perdura: todo poder conlleva una responsabilidad proporcional, y la humanidad debe evitar repetir los mismos errores.

La Quinta Raza Raíz, la humanidad actual, enfatiza el desarrollo intelectual como herramienta principal de evolución. Este enfoque, aunque limitado en comparación con las habilidades naturales de las razas anteriores, cumple una función necesaria: desarrollar la discriminación, el autocontrol y la responsabilidad individual. Estas capacidades, logradas mediante el uso de la razón y el método científico, constituyen la base para una evolución consciente. Aunque el énfasis actual en lo material ha implicado una desconexión con los planos sutiles de la existencia, esto es parte de un ciclo mayor. La pérdida temporal de habilidades psíquicas ha sido reemplazada por la capacidad de autoconciencia y discernimiento moral, esenciales para las etapas evolutivas venideras.

La sucesión de Razas Raíz no ocurre de manera abrupta, sino a través de transiciones graduales que permiten la transferencia de logros evolutivos y ajustes kármicos entre una y otra. Durante cientos de miles de años, diferentes poblaciones pueden coexistir mostrando características de diversas Razas Raíz, lo que explica las variaciones observadas en el desarrollo humano actual. Este proceso revela que la evolución de la humanidad es tanto colectiva como individual, y cada esfuerzo consciente de superación personal contribuye a establecer patrones que benefician al conjunto.

La Sexta Raza Raíz, cuya manifestación completa pertenece al futuro, ya comienza a surgir a niveles sutiles. Sus precursores, presentes en la humanidad actual, muestran capacidades intuitivas y una percepción espiritual más desarrollada. La evolución fisiológica que acompaña este proceso incluye la activación de centros cerebrales que hoy permanecen inactivos y el desarrollo de nuevas facultades sensoriales. Una transformación en los procesos reproductivos humanos también se vislumbra en esta etapa, aunque su naturaleza exacta permanece velada en los misterios esotéricos.

En este esquema evolutivo, el desarrollo individual actúa como catalizador del avance colectivo. Aunque la humanidad en su conjunto manifiesta características de la Quinta Raza, individuos comprometidos con su evolución espiritual pueden acceder a cualidades propias de las razas futuras.

Capítulo 14: Ciencias ocultas

En la base de esta ciencia se encuentra la comprensión de que todo en el universo está impregnado de conciencia en distintos grados. Esta conciencia se manifiesta a través de frecuencias vibratorias específicas, que pueden ser percibidas e influenciadas mediante un entrenamiento adecuado. El desarrollo de estas capacidades no es místico ni arbitrario: sigue principios tan exactos como los que permiten a un músico dominar su instrumento o a un atleta perfeccionar una habilidad física. A través de práctica sostenida y progresiva, el practicante comienza a percibir energías sutiles que operan más allá de los sentidos ordinarios.

El primer paso en el camino ocultista consiste en despertar la percepción de estas energías. Al principio, ejercicios sencillos como centrar la atención en las manos y sentir el campo energético entre ellas sirven para sensibilizar al individuo. Las primeras experiencias suelen ser sutiles, manifestándose como un leve calor o un hormigueo. Con práctica constante, estas percepciones se amplifican y permiten diferenciar cualidades energéticas específicas: algunas densas y eléctricas, otras suaves y expansivas. Este desarrollo gradual lleva a la capacidad de percibir campos energéticos en plantas, minerales y seres vivos, revelando una dimensión invisible pero presente en toda la naturaleza.

En civilizaciones antiguas como la lemuriana, estas capacidades formaban parte del funcionamiento cotidiano de sus habitantes. Su percepción no dependía del razonamiento abstracto, sino de una resonancia directa con las realidades sutiles del entorno. Utilizaban centros energéticos ahora inactivos en los seres humanos modernos, en particular un órgano situado en la parte posterior del cráneo, conocido en algunas tradiciones como "el ojo que mira hacia atrás". Este órgano les permitía acceder simultáneamente a múltiples dimensiones y percibir, con una claridad extraordinaria, los patrones energéticos que subyacen en el mundo físico. Al observar un árbol, por ejemplo, no solo percibían su forma externa, sino también su vitalidad interna, su conciencia y sus conexiones con el entorno circundante. Esta habilidad les permitía interactuar directamente con las fuerzas naturales, ver campos magnéticos, detectar alteraciones en la actividad electromagnética terrestre y comprender las redes energéticas que atraviesan el planeta.

Sin embargo, esta percepción directa presentaba límites significativos. Al carecer de análisis abstracto, los lemurianos no podían descomponer sistemáticamente sus experiencias ni establecer principios generales. Su conocimiento era experiencial y contextual, dependiente del contacto directo con las fuerzas naturales. Aunque esta sabiduría les permitía trabajar armoniosamente con su entorno, resultaba difícil transmitirla o aplicarla en escenarios nuevos. Este enfoque explica por qué su desarrollo siguió caminos distintos a los de la civilización moderna: dominaban la manipulación de energías sutiles, pero su capacidad de innovación tecnológica era limitada.

La práctica ocultista moderna recupera esta sabiduría ancestral y la integra con un enfoque más estructurado. En el centro de esta práctica se encuentran los llamados cuerpos sutiles, estructuras energéticas que interpenetran y afectan el cuerpo físico. Cada cuerpo vibra en una frecuencia específica y responde a métodos de desarrollo concretos. El cuerpo etérico, que sustenta la vitalidad física, se fortalece mediante ejercicios de respiración y absorción de energía pránica. El cuerpo astral, relacionado con las emociones y los deseos, requiere un proceso de purificación a través de la meditación y el control consciente de las emociones. El cuerpo mental, vinculado al pensamiento, se disciplina mediante concentración y dirección consciente de la energía mental. El trabajo sobre estos cuerpos no puede ser forzado ni acelerado sin consecuencias: cada etapa de desarrollo debe consolidarse antes de avanzar, formando una base estable y equilibrada.

La protección energética es un arte que se desarrolla gradualmente a través de un entrenamiento sistemático que abarca tres niveles distintos de práctica. Durante las primeras cuatro semanas, el practicante establece los fundamentos mediante ejercicios diarios simples pero efectivos. El pilar central de esta fase inicial es una práctica de respiración rítmica que debe realizarse tres veces al día: una respiración medida que sigue un patrón de cuatro tiempos - inhalar, retener, exhalar - durante cinco minutos. Este ejercicio, aparentemente simple, comienza a establecer un campo vibratorio estable alrededor del practicante.

Paralelamente a la práctica respiratoria, es esencial mantener un registro diario de los estados emocionales, prestando especial atención a aquellos patrones que elevan o disminuyen la energía personal. Esta observación se complementa naturalmente con la práctica de la ducha energética: un ejercicio donde se visualiza luz dorada descendiendo sobre el cuerpo durante el baño diario, facilitando la eliminación de energías densas acumuladas.

Tras establecer estos fundamentos, el practicante avanza durante los siguientes dos meses hacia técnicas más refinadas de consolidación. Cada mañana, se dedican cinco minutos a establecer un campo protector mediante un proceso específico de visualización: se genera una esfera de luz violeta que se expande gradualmente hasta rodear por completo el cuerpo, sellándola con la intención consciente de filtrar energías discordantes. La efectividad de esta práctica se evidencia a través de señales tangibles: una suave sensación de calor o hormigueo alrededor del cuerpo, una notable estabilidad emocional al enfrentar ambientes densos, y una capacidad mejorada de recuperación después de interacciones desafiantes.

El tercer nivel de protección, que se desarrolla después del tercer mes, introduce un sistema de alertas energéticas automáticas. El practicante aprende a reconocer señales sutiles que indican la presencia de interferencias energéticas: cambios en el patrón respiratorio, tensiones corporales específicas y fluctuaciones en el estado mental. Para situaciones que requieren una restauración rápida de la protección, se desarrolla una secuencia de emergencia: tres respiraciones profundas y conscientes, seguidas de una visualización instantánea de luz dorada llenando el campo energético, acompañada por la pronunciación mental de una palabra de poder personal y un golpe suave en el centro del pecho mientras se reafirma la intención protectora.

La eficacia de estas prácticas está intrínsecamente ligada al desarrollo moral del practicante. Cada acto de honestidad fortalece naturalmente el campo energético, mientras que la práctica regular de la compasión eleva la frecuencia vibratoria personal. El servicio desinteresado, en particular, construye una forma de protección especialmente duradera y resiliente. Esta conexión entre ética y energía no es teórica sino práctica: las acciones morales generan patrones vibratorios específicos que refuerzan naturalmente el campo protector.

Es crucial aprender a reconocer las señales que indican cuando la protección necesita ser reforzada. La fatiga inexplicable después de interacciones sociales, la tendencia a absorber estados emocionales ajenos, la recurrencia de sueños perturbadores y la dificultad para mantener límites personales son indicadores claros de que el campo protector requiere atención inmediata.

La verdadera protección energética emerge no como una barrera rígida e inflexible, sino como un campo dinámico y adaptativo que responde a las necesidades del momento. Este campo se desarrolla y fortalece a través de una práctica consistente que integra el trabajo técnico con el desarrollo ético, creando una protección natural y sostenible que se convierte en una extensión fluida de la propia consciencia del practicante.

El conocimiento de los ritmos naturales y su aplicación práctica constituye otro pilar central de la ciencia oculta. Todo en el universo, desde las estaciones del año hasta los ciclos cósmicos, se mueve en patrones cíclicos. La comprensión de estos ciclos permite sincronizar las actividades prácticas y espirituales con los momentos de mayor energía. Ciertos trabajos resultan más efectivos en horas específicas del día o en determinadas fases lunares. Esta sabiduría, aplicada con precisión, potencia cualquier práctica, desde labores cotidianas hasta complejos rituales energéticos.

El uso del sonido es otro aspecto fundamental en las ciencias ocultas. El sonido, en su forma pura, actúa como una herramienta para moldear la materia sutil. Tonos específicos generan patrones geométricos que pueden utilizarse para sanar, transformar estados internos o activar capacidades latentes. La práctica exige disciplina en la producción de sonidos intencionados y en la percepción de sus efectos. Al comprender la relación entre frecuencia, forma y energía, el practicante aprende a utilizar combinaciones precisas para fines concretos.

El pensamiento, por su parte, es una fuerza creativa real en los planos sutiles. Cada pensamiento genera formas en la materia energética que persisten y afectan su entorno. Aprender a dirigir y sostener pensamientos con precisión requiere un dominio absoluto de la concentración y la visualización. A través de un entrenamiento progresivo, se desarrolla la capacidad de crear formas mentales geométricas que actúan como vehículos para la energía dirigida. El control del pensamiento no solo refuerza el trabajo práctico, sino que también protege la conciencia de interferencias externas.

El entrenamiento en ciencias ocultas exige, sobre todo, un dominio de la conciencia. La capacidad de enfocar la atención, dirigirla con precisión y mantenerla estable en diferentes planos de existencia es la base de toda práctica avanzada. Desde ejercicios simples de concentración hasta la expansión consciente hacia realidades superiores, el desarrollo de la conciencia permite al practicante actuar con total presencia y eficacia.

La integración de la práctica ocultista con la vida cotidiana es, finalmente, lo que produce los resultados más transformadores. El trabajo energético no debe limitarse a momentos aislados de meditación o ritual, sino infundir cada acción y pensamiento. La vida diaria se convierte así en un campo de desarrollo espiritual, donde incluso tareas simples, como limpiar o preparar alimentos, se transforman en oportunidades para trabajar con energías sutiles. Esta integración constante refina la percepción, fortalece los cuerpos sutiles y eleva la conciencia, permitiendo que el individuo actúe como un puente entre lo visible y lo invisible.

Los experimentos de Blavatsky sobre el cuerpo astral, documentados en su diario de 1876, incluían mediciones precisas de fluctuaciones electromagnéticas durante estados alterados de consciencia. Utilizando un galvanómetro modificado por William Crookes, registró anomalías que coincidían con los períodos de proyección astral reportados. Estos datos, inicialmente descartados por la comunidad científica, fueron reexaminados un siglo después cuando investigadores del Instituto Max Planck detectaron patrones similares en estudios sobre estados meditativos profundos. Los cuadernos originales de estas mediciones, preservados en la Sociedad Teosófica de Adyar, contienen anotaciones técnicas que sugieren una metodología sorprendentemente rigurosa para la época victoriana.

Capítulo 15: Registros Akáshicos

Cada pensamiento, emoción y acción genera ondas en un medio sutil que impregna el espacio y el tiempo. Este tejido invisible, llamado Akasha, no solo almacena los acontecimientos como una base de datos universal, sino que también actúa e influye en la evolución de la realidad misma. Comprender su naturaleza permite vislumbrar cómo pasado, presente y futuro coexisten en un campo interconectado y dinámico, donde el tiempo y el espacio dejan de ser límites absolutos.

Para Blavatsky, el Akasha no es solo un depósito estático de información, sino una matriz viva de consciencia. A diferencia de los sistemas convencionales que percibimos como lineales, la información en este campo se despliega holográficamente: cada punto, cada partícula del Akasha, contiene la totalidad del conocimiento universal. Esta comprensión fue clave para Blavatsky al explicar cómo un individuo puede acceder a un aspecto específico de los Registros Akáshicos y, sin embargo, obtener visiones completas y detalladas de un evento, una persona o una época. Esta propiedad holográfica refleja la interconexión de toda la existencia y es accesible a quienes desarrollan la percepción adecuada.

El proceso de registro en la sustancia akáshica funciona a través de lo que Blavatsky denominó impresión vibracional, un mecanismo sutil donde cada experiencia genera huellas distintivas en diferentes niveles de frecuencia. En el plano más denso, las acciones físicas producen patrones geométricos en la sustancia etérea, como estructuras cristalinas que actúan como símbolos permanentes del acontecimiento. A niveles más sutiles, las emociones dejan impresiones más fluidas y dinámicas: sus frecuencias generan colores y formas vibrantes que reflejan la intensidad y cualidad de la emoción misma. La ira, por ejemplo, produce impulsos rojos y agudos que parecen fragmentarse, mientras que el amor se manifiesta en movimientos dorados y expansivos que transmiten armonía y equilibrio.

Por encima de estos niveles, el pensamiento se imprime como estructuras matemáticas en la luz viva. Según Blavatsky, los conceptos abstractos toman formas geométricas complejas como dodecaedros vibrantes, mientras que los pensamientos concretos adoptan patrones cúbicos. Estas capas vibracionales interactúan entre sí a través de un fenómeno conocido como resonancia armónica, donde las frecuencias de diferentes niveles se alinean, amplificándose mutuamente. Así, cada registro no solo guarda el evento en sí mismo, sino toda la cadena causal que lo precedió y las posibilidades futuras que se desprenden de él.

Los practicantes avanzados, según Blavatsky, aprenden a identificar las características vibracionales específicas dentro de los registros. Los patrones kármicos, por ejemplo, aparecen como filamentos dorados que atraviesan distintas líneas de tiempo, revelando cómo las acciones pasadas moldean las circunstancias presentes. Por otro lado, los impulsos evolutivos se perciben como llamas violetas ascendentes que indican el desarrollo espiritual y el propósito oculto detrás de los acontecimientos. Es esta precisión vibracional la que hace posible que una auténtica lectura akáshica revele no solo los hechos concretos, sino también las emociones, pensamientos y estados energéticos asociados a ellos.

Blavatsky estableció que acceder a los Registros Akáshicos requiere una preparación rigurosa y una expansión gradual de la percepción. El proceso comienza con la sincronización consciente de los ritmos biológicos propios con los ciclos cósmicos. Esto significa armonizar la respiración, los pensamientos y las emociones con los patrones naturales: el giro diario de la Tierra, las fases lunares y el movimiento solar. Al sintonizarse con estas frecuencias naturales, el individuo reduce el ruido interno y comienza a percibir las sutilezas del campo akáshico.

El siguiente paso en este proceso es el desarrollo de la consciencia simultánea, una habilidad que permite al practicante mantener su atención en múltiples niveles de percepción sin perder claridad. Esto no equivale a la atención dividida ordinaria, sino a un estado expandido donde las sensaciones físicas, las emociones, los pensamientos y las impresiones sutiles se perciben como aspectos interconectados de una realidad mayor. A medida que esta capacidad se fortalece, el practicante empieza a experimentar cambios en la percepción del tiempo y del espacio, señales tempranas de que su consciencia se está adentrando en el Akasha.

Para sostener estos estados de percepción, Blavatsky prescribió prácticas meditativas y ejercicios energéticos muy específicos. Estas prácticas, realizadas con constancia y disciplina, preparan los canales internos del practicante para recibir las impresiones sutiles del Akasha sin distorsión. El trabajo respiratorio, por ejemplo, desempeña un papel crucial, permitiendo equilibrar las energías internas y abrir el centro de percepción superior ubicado entre la glándula pineal y la pituitaria. A través de visualizaciones precisas y el control de la energía vital, el practicante desbloquea lo que Blavatsky llamó "el camino de la visión interior", un canal energético que facilita la recepción de la información akáshica.

A medida que estas prácticas avanzan, los practicantes experimentan fases de transformación en su consciencia. Inicialmente, la percepción ordinaria comienza a expandirse con fenómenos sensoriales inusuales: luces internas, sonidos sutiles y vibraciones energéticas. Estos fenómenos, aunque impresionantes, no son el objetivo final y deben abordarse con desapego. Blavatsky advertía que el progreso real requiere mantener un equilibrio perfecto entre estabilidad emocional, claridad mental y silencio interno.

El acceso directo a los Registros Akáshicos surge cuando la mente alcanza un estado de quietud dinámica, una condición en la que todo ruido mental cesa y la consciencia queda completamente alerta y receptiva. Este estado permite que las impresiones vibracionales del Akasha fluyan con claridad, sin ser alteradas por las proyecciones personales o las emociones del practicante. Alcanzar esta condición requiere años de práctica en el control mental y en la observación desapegada de la propia experiencia interna.

La información akáshica no se presenta en palabras o imágenes lineales; su lenguaje es simbólico y multidimensional. Blavatsky enseñaba que los registros se comunican a través de patrones universales que resuenan con los arquetipos del inconsciente colectivo. La interpretación de estos símbolos es un arte que solo se perfecciona a través de la experiencia directa y el estudio profundo de las tradiciones esotéricas.

El trabajo con los Registros Akáshicos tiene aplicaciones prácticas de enorme alcance. Más allá de la exploración histórica, permite comprender las dinámicas causales ocultas detrás de situaciones presentes, iluminando cómo las decisiones pasadas moldearon las circunstancias actuales. Esta habilidad es particularmente valiosa en procesos de sanación, donde el acceso a los registros revela estados de armonía energética óptimos y las causas subyacentes del desequilibrio.

Sin embargo, Blavatsky enfatizó la necesidad de una ética rigurosa en este trabajo. El acceso a los registros es un privilegio que conlleva una responsabilidad profunda: el conocimiento obtenido debe utilizarse con intenciones puras y para el beneficio colectivo. La motivación del practicante influye directamente en su capacidad de acceder a los registros; el Akasha se cierra a quienes buscan información con fines egoístas o dañinos.

Capítulo 16: Práctica espiritual

La meditación, en la enseñanza de Helena Blavatsky, era un proceso de transformación metódica de la mente y la consciencia. Su naturaleza científica, lejos de ser un acto devocional o una práctica de mera contemplación, convertía a la meditación en una herramienta para investigar dimensiones sutiles de la realidad y registrar las fuerzas cósmicas con una precisión rigurosa. Blavatsky sostenía que esta práctica no podía ser reducida a ejercicios arbitrarios o abstractos, sino que exigía un compromiso metódico y una observación detallada de los efectos que se iban desplegando a medida que el practicante avanzaba en su camino.

Su enfoque iniciaba con una preparación sistemática del sistema nervioso. Antes de intentar prácticas avanzadas, era indispensable establecer una base sólida. El fortalecimiento del sistema nervioso físico garantizaba la capacidad de manejar los incrementos de energía espiritual sin que el organismo sufriera desequilibrios graves. Este proceso involucraba ejercicios respiratorios específicos que calmaban el sistema nervioso y preparaban la mente para un estado de alerta equilibrado. A diferencia de las prácticas tradicionales de pranayama, estas técnicas no forzaban la respiración ni imponían ritmos artificiales. El practicante aprendía a alinear su consciencia con los ritmos naturales de la respiración, lo que permitía un control sereno y una conexión espontánea con el flujo vital.

El proceso meditativo, estructurado en etapas, se desplegaba con una precisión admirable. Al despertar, el practicante comenzaba con una observación introspectiva: un autoexamen mental y emocional donde no existía juicio, solo reconocimiento del estado presente. Esta observación inicial proporcionaba una referencia clara para la sesión de práctica. Una vez centrada la consciencia, el siguiente paso era orientarse hacia el este —dirección que, según Blavatsky, facilitaba la sintonización con corrientes energéticas específicas— y adoptar una postura que combinaba relajación y firmeza. La respiración se convertía en el ancla que conducía al practicante hacia una atención más profunda.

Una vez establecida la base, la práctica de la observación del pensamiento adquiría protagonismo. Blavatsky enseñaba a los meditadores a discriminar entre las distintas categorías de pensamientos, basándose en sus cualidades vibratorias. Los pensamientos asociados a deseos o necesidades físicas generaban patrones energéticos claramente distinguibles de aquellos que surgían de influencias externas, como la consciencia colectiva, o de impresiones espirituales superiores. Este entrenamiento en la discriminación del pensamiento era esencial para evitar caer en ilusiones, autoengaños o influencias psíquicas involuntarias. La mente, al depurarse de estos contenidos desordenados, se volvía un canal limpio y receptivo para las percepciones más elevadas.

En paralelo, Blavatsky introducía prácticas relacionadas con los estados de transición entre la vigilia y el sueño. El estado hipnagógico, esa fase sutil en la que la consciencia se desliza gradualmente fuera del dominio de los sentidos físicos, era considerado un terreno fértil para el desarrollo espiritual. El meditador, a través de un entrenamiento meticuloso, aprendía a mantener la atención activa mientras la percepción se volvía progresivamente más sutil. Este ejercicio no solo permitía explorar estados superiores de consciencia, sino que también sentaba las bases para experiencias más avanzadas de percepción espiritual durante el sueño.

Las condiciones ambientales en las que se practicaba la meditación también recibían una atención rigurosa en su enseñanza. Blavatsky subrayaba la importancia de realizar las prácticas en lugares libres de perturbaciones electromagnéticas y luz artificial. Según sus observaciones, estos factores interferían en el flujo energético sutil necesario para el desarrollo espiritual. En un tiempo en el que estas afirmaciones parecían puramente esotéricas, los estudios actuales sobre la influencia de campos electromagnéticos y luz en los ritmos cerebrales y los estados de consciencia han otorgado validez a su enfoque.

El sistema de meditación de Blavatsky incorporaba técnicas específicas de protección energética. Estas prácticas no dependían de visualizaciones imaginativas ni de simples afirmaciones. La protección se generaba a través de patrones vibratorios conscientes en los cuerpos sutiles, una forma natural de blindaje energético que operaba en armonía con las leyes universales. Este enfoque práctico garantizaba una defensa sólida contra influencias negativas, evitando los riesgos de métodos basados únicamente en la sugestión.

En la dimensión grupal, Blavatsky consideraba que la meditación colectiva podía generar efectos extraordinarios si se conducía correctamente. Un grupo de practicantes preparados tenía la capacidad de construir campos energéticos conjuntos, capaces de influir positivamente en la consciencia individual y colectiva. Sin embargo, advertía sobre los riesgos de una práctica grupal mal dirigida: sin la preparación adecuada, los desequilibrios energéticos podían amplificarse, generando reacciones negativas tanto en los individuos como en el conjunto. La figura del líder, por tanto, debía estar bien entrenada para regular y armonizar el campo vibratorio colectivo.

La relación entre meditación y vida diaria era un punto central en su enseñanza. Blavatsky rechazaba cualquier intento de utilizar la meditación como una vía de escape del mundo. Al contrario, consideraba que la práctica debía integrarse de manera directa con la vida cotidiana, actuando como un catalizador para desarrollar una consciencia más lúcida y eficaz. El verdadero progreso, decía, no se reflejaba en experiencias espectaculares, sino en la transformación práctica de la vida del practicante: claridad en la toma de decisiones, relaciones más equilibradas y la capacidad de enfrentar desafíos con mayor sabiduría y ecuanimidad.

Para los practicantes más avanzados, Blavatsky introducía técnicas precisas que involucraban el poder del sonido. Enseñaba que ciertas combinaciones vibratorias, cuando eran emitidas con conocimiento y precisión, activaban centros específicos en el cuerpo sutil.

Estos sonidos no eran meros ejercicios místicos, sino herramientas precisas cuyo mal uso podía desestabilizar el sistema energético del practicante. Por eso, advertía contra la experimentación irresponsable con estas prácticas.

El tiempo en el que se realizaba la meditación era otro elemento fundamental. Los períodos justo antes del amanecer y después del atardecer, conocidos como "puntos de unión", eran considerados los momentos más propicios. Durante estas fases, explicaba Blavatsky, la atmósfera etérea sufría cambios específicos que facilitaban el trabajo espiritual, permitiendo una conexión más directa con los ritmos naturales del cosmos.

El desarrollo de una "consciencia testigo" era otra de las prácticas esenciales. Esta facultad consistía en la capacidad de observar los procesos mentales y emocionales sin quedar atrapado en ellos. A través de una observación progresiva, que comenzaba con los pensamientos más densos y avanzaba hacia las percepciones más sutiles, el meditador aprendía a mantener la estabilidad de su consciencia incluso en experiencias que podrían resultar abrumadoras para la mente ordinaria.

Blavatsky enfatizaba que los obstáculos en la meditación no eran fracasos, sino indicadores valiosos. Cada dificultad —ya fuera física, emocional o mental— señalaba áreas del ser que requerían atención y transformación. La comprensión de estos obstáculos, lejos de detener el progreso, servía como herramienta para profundizar en el trabajo interno y afianzar la práctica espiritual.

Capítulo 17: Naturaleza de la mente y la conciencia

La mente y la consciencia han sido exploradas por filósofos y místicos durante siglos, pero pocos han logrado definir su verdadera naturaleza. Para Helena Blavatsky, la consciencia no es un simple subproducto del cerebro, sino una fuerza viva y multidimensional que abarca distintos niveles interconectados. Cada uno de estos niveles revela una arquitectura más vasta que se despliega conforme el ser humano avanza en su evolución espiritual.

El estado físico de consciencia, el más familiar y cotidiano, es apenas el umbral de una realidad mayor. Aunque muchas corrientes científicas la reducen a procesos neurológicos, Blavatsky enseña que incluso el cuerpo tiene una inteligencia innata: cada célula manifiesta su propia consciencia. Esta "inteligencia celular" organiza procesos biológicos complejos y, en ocasiones, responde de manera intuitiva a estímulos internos y externos. Es una manifestación de la consciencia global del organismo que mantiene su equilibrio sin necesidad de intervención consciente.

Más allá del plano físico se encuentra la dimensión vital o pránica, una capa de consciencia que regula la fuerza de la vida misma. Este nivel actúa como puente entre la consciencia física y los planos sutiles, permitiendo que la mente continúe operando incluso en estados donde el cuerpo permanece inactivo, como el sueño profundo o la meditación. Blavatsky explica que, a través de un entrenamiento adecuado, es posible percibir y controlar esta energía vital. La respiración consciente, por ejemplo, no solo fortalece el cuerpo, sino que también despierta la sensibilidad hacia corrientes energéticas más sutiles.

El plano astral representa un avance significativo en la exploración de la consciencia. En este estado, las limitaciones físicas se desvanecen, permitiendo percepciones más allá de los sentidos ordinarios. Blavatsky enseñaba que el mundo astral, al que accedemos de manera inconsciente en los sueños, puede ser explorado de manera consciente mediante prácticas específicas. Este plano no es una ilusión, sino una dimensión real donde los pensamientos, emociones y símbolos adoptan formas tangibles. Las imágenes y experiencias que surgen aquí no deben tomarse de manera literal, pero ofrecen claves importantes sobre la naturaleza de la realidad y la evolución del ser.

La mente ordinaria, en cambio, funciona en lo que Blavatsky denominó "consciencia kama-manásica", un estado donde los deseos y pensamientos se entrelazan, creando la base de nuestra experiencia cotidiana. Este es el territorio donde el individuo enfrenta las fuerzas duales de su naturaleza: los impulsos básicos y las aspiraciones superiores. Para Blavatsky, este nivel es crucial en el desarrollo espiritual porque representa el campo de batalla donde se decide si la mente permanece esclava del deseo o asciende hacia una mayor claridad. Aquí, la mente no solo percibe, sino que también crea. Los pensamientos no son intangibles; poseen forma y sustancia en los planos sutiles. Un pensamiento negativo, como el enojo, genera una vibración que atrae energías similares, perpetuando ciclos de conflicto interno y externo. Por el contrario, la creación consciente de pensamientos positivos y elevados tiene el poder de transformar el entorno interno y externo del individuo.

A medida que la mente se purifica y se disciplina, comienza a trascender sus límites habituales, accediendo a una consciencia más elevada. Blavatsky describe esta etapa como el despertar de la mente superior, un estado donde la percepción ya no está limitada por lo personal o lo inmediato. Aquí, la mente entra en contacto directo con principios universales y arquetipos que subyacen a la realidad física. La evolución hacia esta consciencia no ocurre por casualidad, sino a través de un proceso de concentración, meditación y estudio. El practicante debe aprender a sostener su atención más allá de los estímulos inmediatos, alcanzando un estado de percepción abstracta donde las verdades universales se revelan de manera directa.

Pero el salto más profundo en la evolución de la consciencia ocurre con el despertar de la consciencia búdica. Este estado, descrito por

Blavatsky como una intuición espiritual pura, permite percibir la verdad sin necesidad de procesos lógicos. Mientras la mente racional avanza paso a paso, el nivel búdico ofrece un conocimiento inmediato y total de la realidad. Es un estado de comprensión que solo puede alcanzarse mediante la purificación constante de la mente y el cultivo del amor y la compasión universales. No es un conocimiento intelectual, sino un estado del ser que transforma radicalmente la percepción y la manera en que se interactúa con el mundo.

En el nivel más elevado, la consciencia átmica, el ser humano alcanza la percepción directa de la unidad espiritual que subyace a toda existencia. Este no es un estado de disolución de la individualidad, sino de expansión y realización del potencial más elevado del ser. Aquí, la consciencia personal se reconoce como una expresión temporal de una realidad universal más vasta. Sin embargo, acceder a este nivel requiere una integración perfecta de los estados inferiores de consciencia. Blavatsky advertía que cualquier intento de forzar este proceso sin una base sólida puede resultar peligroso, ya que el desarrollo espiritual genuino es gradual y debe sostenerse con prácticas éticas y equilibrio interior.

El desarrollo de estos niveles de consciencia, según Blavatsky, depende en gran medida del uso correcto de la voluntad. La voluntad verdadera no actúa con esfuerzo o tensión, sino con una claridad de propósito y una atención sostenida. Esta voluntad, alineada con la sabiduría, guía al practicante a través del complejo proceso de autodescubrimiento y expansión. Blavatsky describe este proceso como un "atletismo espiritual": un equilibrio entre firmeza y adaptabilidad, donde el individuo mantiene su propósito sin perder la receptividad ante las experiencias necesarias para su evolución.

La integración de las percepciones superiores en la vida cotidiana es el verdadero objetivo de las enseñanzas de Blavatsky sobre la consciencia. Cada experiencia, por ordinaria que parezca, se convierte en una oportunidad para el crecimiento espiritual. A medida que la mente se disciplina y la consciencia se expande, el individuo adquiere una comprensión más profunda de las leyes que rigen la vida y la interconexión de toda existencia.

Capítulo 18: Jerarquías Espirituales

Las jerarquías espirituales constituyen una estructura fundamental en el orden del cosmos, una red dinámica de inteligencias interconectadas que guían y sostienen la evolución universal. Estas entidades no actúan desde una autoridad arbitraria ni externa, sino como manifestaciones directas de leyes universales, operando a través de una armonía vibratoria precisa. Cada nivel jerárquico resuena con frecuencias específicas que impactan en distintos aspectos de la creación y del desarrollo de la consciencia en todos sus planos.

En el nivel superior encontramos a los Dhyani-Chohans, llamados también *Señores de la Contemplación*. Estos seres son la esencia misma de la manifestación cósmica, arquitectos cuya conciencia abarca no solo mundos, sino el propósito subyacente que sostiene la existencia. Su "meditación creativa" no es un acto pasivo; es el medio a través del cual los principios universales toman forma, permitiendo que las estructuras del universo evolucionen de acuerdo con un orden coherente. No existe separación entre ellos y las leyes que encarnan, porque su propia naturaleza es esa ley. Son vibración pura, reflejando los patrones primordiales de todo lo que existe.

Por debajo de los Dhyani-Chohans, encontramos a los Lipika, los guardianes del equilibrio kármico. Aunque comúnmente se les asocia con los registros del cosmos, su función real es más compleja: regulan la armonía perfecta entre causa y efecto. La existencia misma depende de este equilibrio, y los Lipika aseguran su funcionamiento a través de cálculos que, aunque inconcebibles para la mente humana, son precisos en su aplicación. Su percepción no está limitada por el tiempo lineal; perciben simultáneamente los movimientos del pasado, presente y futuro, ajustando las fuerzas kármicas de acuerdo con la necesidad de cada ciclo evolutivo. Este proceso no tiene carga moral ni juicio; es una operación natural de restauración y equilibrio.

A medida que descendemos en la estructura jerárquica, encontramos a los Devas, inteligencias activas que dirigen y mantienen las fuerzas elementales del cosmos. Su labor no es simbólica ni metafórica, sino real y práctica: trabajan desde dentro de los elementos, constituyéndose en la conciencia detrás de los fenómenos naturales. Los *Agnichaitas*, por ejemplo, son las fuerzas del fuego en todas sus formas: desde la llama que consume la materia hasta el fuego espiritual que enciende el anhelo de perfección. Los *Varunadevas* sostienen la vida a través del agua, dirigiendo tanto el fluir de los océanos como el equilibrio interno de los seres vivos. La existencia material depende de estas inteligencias, cuya actividad invisible es constante y exacta.

En niveles más cercanos a la percepción humana se encuentran los espíritus de la naturaleza, inteligencias especializadas que sostienen la vitalidad del mundo material. Las ondinas no son meras representaciones mitológicas: ellas mantienen la vibración que hace posible que el agua sustente la vida. Los gnomos laboran en las profundidades de la tierra, perfeccionando estructuras minerales y cristalinas. Los silfos, en el aire, sostienen las condiciones atmosféricas necesarias para la vida planetaria. Estas entidades no son ajenas a los elementos que dirigen; son su inteligencia activa, trabajando desde dentro para mantener la armonía del orden natural.

La interacción entre estas jerarquías y los planos materiales no ocurre mediante intervenciones directas, sino a través de la resonancia vibratoria. Cada jerarquía mantiene una frecuencia específica que influye en su correspondiente aspecto de la existencia. Esto explica por qué ciertos lugares, como las montañas y sitios considerados sagrados, facilitan el contacto con los planos superiores. Estas regiones resuenan de manera natural con las frecuencias de las jerarquías, funcionando como puentes entre los mundos visibles e invisibles.

El ser humano, como microcosmos del universo, tiene el potencial de interactuar conscientemente con estas jerarquías. Pero esta interacción no puede forzarse ni improvisarse: requiere un refinamiento gradual de los cuerpos físico, emocional y mental. El proceso de purificación y ajuste vibratorio es esencial, ya que solo a través de una frecuencia elevada puede establecerse un contacto genuino. La práctica de una vida ética, la disciplina mental y la orientación de la voluntad hacia principios universales son los métodos más seguros para elevar la vibración personal. Las facultades necesarias para percibir y colaborar con estas inteligencias no son dones arbitrarios, sino capacidades latentes que se despiertan mediante esfuerzo y dedicación sostenida.

El concepto de resonancia espiritual describe el proceso mediante el cual el individuo sintoniza con las frecuencias jerárquicas. Esta resonancia no depende de dogmas ni rituales externos, sino del desarrollo interno de cualidades específicas: pureza de intención, concentración sostenida y pensamiento abstracto. Mediante la contemplación de principios universales, en lugar de preocupaciones personales, la conciencia comienza a alinearse con patrones vibratorios superiores. Este proceso abre un canal de percepción que primero se manifiesta como intuición elevada y, con el tiempo, como contacto consciente.

Los Agnishvatta Pitris, responsables del desarrollo mental de la humanidad, responden a esfuerzos sinceros por expandir la comprensión filosófica y al servicio dedicado a la evolución del conjunto. Por otro lado, los Kumaras, entidades de inmenso sacrificio, resuenan con actos de amor desinteresado y con el desarrollo de una sabiduría compasiva. Estas jerarquías no se revelan a través de promesas vacías o aspiraciones superficiales; su influencia solo se percibe cuando la conciencia humana alcanza un grado de madurez que le permite interactuar de manera responsable.

El proceso de cooperación entre la humanidad y las jerarquías espirituales sigue un desarrollo gradual. A medida que la conciencia se expande, el ser humano comienza a percibir los impulsos provenientes de niveles superiores, primero en forma de inspiración e intuición, y luego como percepción directa. Este proceso culmina en una participación consciente en la evolución cósmica, donde el individuo se convierte en un intermediario activo entre las fuerzas superiores y los mundos materiales.

Este camino, lejos de cualquier misticismo ilusorio, requiere comprensión objetiva y trabajo práctico. El ser humano debe reconocer su lugar dentro del orden cósmico: ni desde la falsa humildad ni desde el orgullo espiritual, sino desde una valoración realista de su potencial y sus limitaciones. Mediante prácticas como la meditación en los principios universales y la observación de patrones vibratorios, es posible establecer conexiones genuinas con estas inteligencias superiores.

Las tradiciones más antiguas enseñaban que el sonido, el color y las formas geométricas pueden ser utilizados como herramientas para reproducir los patrones vibratorios que resuenan con cada jerarquía. La meditación silenciosa, sostenida con un enfoque firme y libre de expectativas personales, abre progresivamente los canales internos de comunicación. Al principio, los resultados se manifiestan como una claridad intuitiva y una expansión de la conciencia, que con el tiempo conducen a la percepción directa de estas fuerzas.

Servir como intermediario consciente entre las jerarquías espirituales y los reinos inferiores de la naturaleza implica un compromiso profundo con la evolución planetaria. Esta función exige el desarrollo de sabiduría, compasión y una comprensión real de las leyes naturales que rigen la existencia. El equilibrio entre la aspiración espiritual y la responsabilidad práctica es fundamental para cumplir este rol. A medida que la humanidad avanza en este sendero, la colaboración consciente con las inteligencias superiores se convierte en un motor esencial para la evolución de la vida en el cosmos.

Capítulo 19: Simbolismo Sagrado

La geometría y el simbolismo sagrado forman un lenguaje universal que conecta la consciencia humana con los fundamentos de la existencia. Este sistema de conocimiento trasciende culturas y lenguajes, revelando verdades fundamentales sobre la realidad universal a través de formas, números y patrones que se manifiestan en todos los niveles de la creación.

En el corazón de este lenguaje encontramos el círculo, símbolo primordial que encapsula la totalidad del cosmos. Al trazar un círculo, realizamos un acto meditativo que requiere la perfecta armonía entre mano, mente y espíritu. Cuando añadimos un punto en su centro, el círculo representa el momento preciso de la creación: el instante en que lo no manifestado se convierte en manifestado. Este proceso simple pero profundo demuestra cómo la diversidad emerge de una fuente común sin perder jamás su conexión esencial con el todo.

De la interacción entre círculos nace la vesica piscis, una forma que surge cuando dos círculos se intersectan perfectamente. Sus proporciones exactas, que siguen la relación √3:1, se reflejan constantemente en la naturaleza, desde el desarrollo celular hasta la formación de flores. Esta forma activa naturalmente la energía del "pilar central" en nuestra consciencia, ayudándonos a equilibrar dualidades y transcender divisiones mentales y emocionales. Los arquitectos y sanadores antiguos incorporaban la vesica piscis en sus diseños y prácticas, reconociendo su capacidad para armonizar espacios y energías.

Los sólidos platónicos representan otro nivel de este lenguaje sagrado, manifestando la organización geométrica del espacio tridimensional. Cada forma tiene un efecto específico en la consciencia: el tetraedro cataliza la transformación personal, mientras que el octaedro genera claridad mental. El dodecaedro facilita una integración profunda del ser, el cubo nos ayuda a enraizar nuestra energía, y el icosaedro nos conecta con las fuerzas universales. Estas formas no son meros conceptos abstractos; se materializan en el mundo físico a través de los cristales, cuyas estructuras geométricas determinan sus propiedades energéticas.

El sonido juega un papel fundamental en este sistema. Los mantras, entonados con precisión, generan patrones geométricos específicos en la materia sutil, patrones que corresponden a estados elevados de consciencia. La ciencia moderna confirma esta relación a través de la cimática, que demuestra cómo las vibraciones sonoras crean formas geométricas precisas en materiales como agua o arena. Este fenómeno revela el poder del sonido para transformar tanto estados de consciencia como espacios físicos.

En la práctica, estos principios encuentran aplicación directa en el diseño de espacios sagrados y cotidianos. La proporción áurea, presente abundantemente en la naturaleza, sirve como guía para crear entornos que elevan naturalmente la consciencia. Los antiguos constructores de templos entendían que ciertas proporciones y formas alteraban la calidad energética del espacio, principio que podemos aplicar hoy en nuestros propios espacios de vida y trabajo.

Los elementos naturales se expresan a través de geometrías específicas: la tierra se manifiesta en formas cúbicas y estructuras estables, el agua fluye en curvas y espirales, el fuego danza en formas triangulares y puntiagudas, el aire se expande en espirales ascendentes, y el éter se expresa en formas dodecaédricas y esféricas. Comprender estas correspondencias nos permite trabajar más efectivamente con las energías elementales en nuestras prácticas espirituales.

La protección energética también se fundamenta en principios geométricos precisos. Ciertas combinaciones de líneas y ángulos crean barreras naturales contra influencias negativas en los planos sutiles. Sin embargo, su efectividad no depende tanto del dibujo físico como de la comprensión profunda de los principios involucrados y la pureza de intención al implementarlos.

Los ciclos temporales siguen patrones geométricos que afectan la efectividad de nuestras prácticas espirituales. Comprender estos ciclos nos permite alinear nuestro trabajo interior con los ritmos naturales, maximizando su impacto. Ciertos momentos, determinados por progresiones geométricas naturales, resultan especialmente propicios para la introspección, el trabajo creativo o las prácticas ceremoniales.

La ciencia moderna valida muchos de estos principios antiguos. La física cuántica revela patrones energéticos que coinciden asombrosamente con representaciones simbólicas ancestrales, mientras que la neurociencia confirma que ciertas formas geométricas resuenan naturalmente con la mente humana. Estas confirmaciones sugieren que los principios de la geometría sagrada operan a través de leyes fundamentales de la realidad, más allá del condicionamiento cultural.

Capítulo 20: La Doctrina de los Ciclos

La realidad está estructurada en ciclos, dinámicas rítmicas que subyacen tanto en el movimiento de las estrellas como en el pulso de la vida cotidiana. Desde los procesos biológicos hasta las fuerzas cósmicas, todo opera bajo principios cíclicos que revelan un orden matemático fundamental. Reconocer y comprender estos ritmos no es solo un ejercicio teórico, sino una herramienta práctica para alinear nuestras acciones con el flujo natural de la existencia.

En lugar de un avance lineal, la naturaleza se despliega en espirales. Este movimiento combina lo circular con un progreso ascendente, manifestando un patrón de repetición enriquecido por evolución. Cada ciclo tiene fases claras: el surgimiento, el desarrollo, el clímax, el declive y el renacimiento. Estas etapas se entrelazan en todos los niveles de la experiencia, desde el crecimiento personal hasta los procesos colectivos, y ofrecen una clave esencial para armonizar nuestras acciones con los ritmos universales.

Este principio se encuentra reflejado en las proporciones que rigen el universo: las formas espirales de las galaxias, el crecimiento orgánico descrito por la secuencia de Fibonacci y la resonancia armónica que organiza los movimientos planetarios. Las culturas ancestrales, conscientes de estos principios, integraron su comprensión en templos, rituales y sistemas de conocimiento que buscaban alinear a los individuos con estas fuerzas. No se trataba de superstición, sino de una ciencia sagrada profundamente conectada con la realidad natural.

A nivel humano, los ciclos no solo estructuran el tiempo, sino que también guían procesos físicos, emocionales y espirituales. La renovación celular ocurre en períodos de siete años, coincidiendo con etapas significativas de cambio psicológico y espiritual. Asimismo, los ciclos de los planetas imprimen su huella en la experiencia personal: Júpiter, en su recorrido de doce años, abre oportunidades para expandir horizontes y desarrollar nuevas perspectivas, mientras que Saturno, cada veintinueve años, marca momentos de profunda reflexión y reorganización interna. Estos ritmos cósmicos influyen en la vida cotidiana, proporcionando una estructura que puede ser aprovechada de forma consciente.

El primer paso para trabajar con los ciclos es desarrollar una conciencia atenta a nuestros propios ritmos. La autoobservación revela cómo estos patrones afectan el cuerpo, la mente y las emociones. Por ejemplo, las energías diarias siguen un flujo constante de actividad y reposo. El amanecer, cargado de potencial espiritual, es un momento idóneo para la meditación o la introspección, mientras que las horas previas al sueño son ideales para establecer intenciones profundas en el subconsciente. Este conocimiento práctico nos permite utilizar cada momento con mayor eficiencia y sentido.

De igual manera, las fases lunares influyen profundamente en nuestra experiencia. La luna creciente inspira nuevos comienzos y esfuerzos creativos, mientras que la luna llena intensifica tanto nuestras capacidades como nuestros desafíos. Por otro lado, la luna menguante invita a liberar lo que ya no sirve, fomentando una purificación natural. Al trabajar conscientemente con estas fases, se puede sintonizar el esfuerzo personal con las energías predominantes, obteniendo mejores resultados con menor desgaste.

Esta conexión con los ciclos requiere desarrollar lo que las tradiciones antiguas llamaban un "sentido del tiempo". Este no es un conocimiento meramente intelectual, sino una habilidad intuitiva que permite reconocer el momento adecuado para cada acción. Tal habilidad se cultiva mediante la observación paciente de los ritmos naturales, comenzando con fenómenos simples como el ritmo respiratorio o las fluctuaciones diarias de energía. Al profundizar en esta práctica, se amplía la percepción para abarcar patrones más complejos que revelan oportunidades ocultas en el flujo constante de la vida.

Un aspecto crucial de los ciclos es lo que se conoce como "puntos críticos". Estos son momentos donde múltiples ritmos convergen, generando ventanas de oportunidad únicas para el crecimiento y la transformación. Sin embargo, estas alineaciones también traen consigo desafíos que exigen discernimiento y preparación. Los iniciados aprenden a anticipar estas fases, no solo para aprovecharlas, sino para navegar los retos con flexibilidad y sabiduría. Es en estos momentos cuando las lecciones cíclicas se hacen más evidentes, recordándonos que cada etapa, por difícil que parezca, contiene un propósito constructivo.

La relación entre los ciclos y la alternancia entre acción y descanso es esencial para comprender el equilibrio necesario en la vida. Todo ciclo incluye fases de expansión y contracción, actividad y reposo. Forzar una actividad constante va en contra de la naturaleza y genera agotamiento o desequilibrio. En cambio, fluir con estas dinámicas permite sostener el esfuerzo sin desgastarse, logrando resultados más profundos y duraderos. Este ritmo refleja el propio movimiento del universo, donde todo oscila entre la manifestación y la absorción.

Trabajar con ciclos no significa simplemente adaptarse a un patrón repetitivo. Más bien, implica transformar el movimiento circular en una espiral ascendente. Mientras que muchos repiten los mismos errores cíclicos, los practicantes conscientes buscan aprender la esencia de cada experiencia, integrándola y avanzando hacia un nivel superior de comprensión. Este enfoque no solo acelera el crecimiento, sino que lo hace en armonía con las fuerzas naturales, evitando el desgaste innecesario.

En este sentido, los ciclos planetarios adquieren un papel significativo. Saturno, por ejemplo, actúa como un catalizador para enfrentar nuestras estructuras internas y redefinirlas, mientras que Júpiter impulsa expansiones conscientes que enriquecen nuestra visión del mundo. Reconocer estas influencias nos ayuda a comprender mejor los períodos de dificultad o crecimiento en nuestras vidas, permitiéndonos afrontarlos con una perspectiva más amplia y productiva.

El verdadero dominio de los ciclos radica en comprender cómo múltiples ritmos se entrelazan. A nivel personal, planetario y cósmico, estos patrones interactúan en una danza compleja que afecta tanto lo interno como lo externo. Los practicantes avanzados desarrollan una percepción que abarca estas conexiones, armonizando su vida personal con las fuerzas mayores que rigen el universo. Este conocimiento no es teórico, sino profundamente práctico, y se manifiesta en la capacidad de actuar en el momento adecuado con la intención correcta.

Capítulo 21: Sanación esotérica

La sanación esotérica se adentra en los fundamentos mismos de la existencia, explorando cómo la energía y la consciencia interactúan para influir en el cuerpo físico. Este enfoque va más allá del tratamiento de los síntomas superficiales; su propósito es trabajar con los patrones energéticos que originan las enfermedades, modificándolos antes de que se materialicen como dolencias físicas. En esta visión, la salud no es solo una condición biológica, sino un estado de armonía entre los distintos niveles del ser.

En el núcleo de esta práctica está la comprensión de la "red pránica", una estructura energética que conecta la consciencia con la materia. Esta red no solo define la organización de la forma física, sino que también actúa como un puente entre las dimensiones sutiles y tangibles del ser humano. Cuando los estados internos como el miedo o la ira alteran la coherencia de esta red, se generan interferencias que con el tiempo se manifiestan como enfermedades. Por ello, el verdadero sanador se convierte en un observador perspicaz de esta dinámica, trabajando para restaurar el equilibrio donde se ha perdido.

La percepción directa de los patrones energéticos es una habilidad esencial para cualquier sanador esotérico. Esta percepción no depende de los sentidos físicos, sino de un desarrollo interno conocido como el "ojo interior". Este órgano de percepción no físico permite observar las corrientes de energía que fluyen en la red pránica. Inicialmente, esta sensibilidad se presenta como una capacidad para sentir sutiles vibraciones o temperaturas energéticas. Con la práctica constante, se desarrolla la habilidad de distinguir cualidades específicas de la energía, percibiendo texturas vibracionales que pueden ser eléctricas, densas o fluidas. En etapas avanzadas, la percepción energética se convierte en visión directa de colores, formas geométricas y patrones que revelan las condiciones subyacentes de la salud.

El trabajo curativo opera a través de la resonancia vibracional, un principio que sostiene que cada enfermedad o desequilibrio tiene una frecuencia específica que debe ajustarse. El sanador actúa como un mediador entre las frecuencias alteradas y la armonía que se busca restaurar. Esto requiere una sensibilidad refinada para detectar las frecuencias presentes y generar las adecuadas, equilibrando las alteraciones sin introducir interferencias. Aquí, el control mental es imprescindible; cualquier distracción o pensamiento inestable puede distorsionar el efecto curativo, desafiando la precisión que este trabajo demanda.

La sanación esotérica también enfrenta la complejidad del karma, un factor que a menudo define la profundidad y la naturaleza de ciertas afecciones. Algunas enfermedades están vinculadas a patrones kármicos que no pueden resolverse únicamente a nivel energético, sino que requieren que el individuo confronte y trascienda las lecciones asociadas. Esto no implica resignación, sino comprensión: el sanador no busca "eliminar" el karma, sino ayudar al paciente a trabajar conscientemente con él, facilitando su evolución y liberación gradual.

El aspecto de protección energética en la sanación es igual de crucial. Durante este proceso, el sanador interactúa con diversas energías, algunas de las cuales pueden ser desequilibradas o nocivas. Para evitar impactos adversos, se establecen campos vibratorios diseñados para proteger al sanador mientras permiten la libre circulación de las fuerzas curativas. Este equilibrio demanda un manejo consciente de los límites energéticos, asegurando que las influencias externas no interfieran ni desgasten al practicante.

El trabajo interno del sanador es un componente esencial de su eficacia. La purificación personal no es solo un requisito ético, sino una necesidad práctica para que las energías curativas fluyan sin obstrucciones. A nivel físico, esto implica mantener el cuerpo como un canal limpio mediante prácticas como la alimentación adecuada, ejercicios conscientes y técnicas respiratorias que potencien la vitalidad. En el plano emocional, el sanador debe transformar las emociones densas mediante disciplinas meditativas que canalicen estas energías hacia estados más elevados. Finalmente, en el ámbito mental, el entrenamiento en concentración y visualización es indispensable, asegurando que cada pensamiento sea una herramienta precisa para guiar las energías de sanación.

Las antiguas tradiciones reconocían la influencia de las leyes cósmicas en el proceso curativo. La sincronización de las intervenciones con ciclos energéticos, como las fases lunares o los movimientos planetarios, puede amplificar los efectos de la sanación. Esto no es superstición, sino una comprensión profunda de cómo las fuerzas universales interactúan con los sistemas humanos. El sanador que domina estas correlaciones trabaja con el flujo natural del cosmos, alineando sus esfuerzos con momentos energéticos óptimos para obtener resultados más efectivos.

En términos prácticos, las técnicas manuales de sanación se basan en la interacción entre la geometría y la energía. Los dedos del sanador canalizan frecuencias específicas, y su colocación sigue patrones meticulosamente estudiados. Por ejemplo, el pulgar estabiliza, el índice penetra bloqueos, y el dedo medio equilibra polaridades opuestas. Estas posiciones y presiones no son arbitrarias; cada ángulo y contacto se calcula según la naturaleza de la afección y el objetivo terapéutico. La precisión del trabajo manual refleja la conexión entre la geometría sagrada y la energía vital, demostrando cómo la forma y el movimiento pueden influir profundamente en la curación.

La práctica de la sanación a distancia, aunque diferente en su ejecución, sigue principios similares de resonancia y conexión energética. El sanador proyecta conscientemente su energía hacia el paciente, trascendiendo las limitaciones del espacio-tiempo. Esta técnica requiere una comprensión aguda de la naturaleza no local de la consciencia y una concentración impecable para establecer un vínculo energético eficaz. Métodos como la visualización y la conexión simbólica son fundamentales en este tipo de trabajo, permitiendo que la intención curativa atraviese distancias sin diluir su eficacia.

Capítulo 22: Divino Femenino

Cada átomo de la creación vibra con una inteligencia intrínseca que las tradiciones espirituales antiguas reconocen como eterna y de esencia femenina. Este conocimiento, preservado en los textos tántricos más antiguos de la India, revela un poder esencial para la existencia misma, una fuerza cuya naturaleza supera las limitaciones del lenguaje común. Las antiguas escuelas de misterios protegían este saber, no por exclusividad, sino porque su comprensión exige un cambio profundo en la percepción de la realidad.

El concepto del Divino Femenino opera en dos niveles: como un principio cósmico y como una energía espiritual práctica. En el plano cósmico, se manifiesta como Shakti, la fuerza dinámica que anima al universo. Como la corriente eléctrica que da vida a un circuito, Shakti impregna y activa el entramado aparentemente inerte de la existencia. Este flujo energético se despliega en diversas etapas, cada una con aplicaciones concretas en la práctica espiritual.

En su forma más elevada, el Divino Femenino se expresa como Paranishpanna, el estado de perfección absoluta donde las dualidades desaparecen en una unidad primordial. A partir de esta unidad, surgen otras expresiones, como Paramartha, la sabiduría trascendental que contiene las potencialidades de toda manifestación. Esta sabiduría desciende en Prajna, la intuición que conecta la conciencia universal con la individual.

Manifestación a Través de Kundalini Shakti

Uno de los aspectos más prácticos y transformadores de lo Divino Femenino es Kundalini Shakti, una fuerza espiritual latente en la base de la columna vertebral. Al despertar, esta energía inicia un proceso de iluminación y expansión de la conciencia. Kundalini tiene tres estados principales: dormida, parcialmente activa y plenamente despierta. Cada estado requiere preparación cuidadosa y prácticas específicas, como lo enfatizó Blavatsky en sus enseñanzas.

Tres Manifestaciones Claves del Poder Femenino

La interacción con esta energía divina se experimenta a través de tres manifestaciones principales:

Fuerza vital (prana): La energía que sustenta la existencia física.

Sabiduría intuitiva: Conocimiento que trasciende el pensamiento racional.

Poder transformador: La capacidad de elevar y expandir la conciencia.

Fuerza Vital

El trabajo con el aspecto de fuerza vital comienza con una sensibilización hacia las energías sutiles del cuerpo. Esto incluye prácticas de respiración consciente, como el control del flujo del prana a través de técnicas específicas. Los mudras (gestos con las manos) y mantras asociados facilitan el desbloqueo y la activación de centros energéticos, permitiendo el flujo equilibrado de esta fuerza.

Sabiduría Intuitiva

El desarrollo de la sabiduría intuitiva implica el cultivo del "oído interno", una capacidad espiritual que trasciende el conocimiento intelectual. Este proceso se apoya en prácticas meditativas que buscan la quietud perfecta, un estado donde la conciencia se alinea naturalmente con principios superiores. Este tipo de sabiduría surge espontáneamente y permite acceder a verdades que no son alcanzables a través del razonamiento lógico.

Poder Transformador

El aspecto transformador del Divino Femenino se activa mediante un proceso conocido como "descenso de la gracia". Este fenómeno requiere una preparación intensiva, que incluye la purificación de cuerpo, mente y emociones. A través de estas prácticas, el individuo se convierte en un canal receptivo a fuerzas superiores. La transformación no es solo interna; también genera una influencia positiva en el entorno del practicante.

Ritmos Cíclicos y Sabiduría Lunar

El poder femenino opera en sincronía con los ritmos naturales, como los ciclos lunares. La efectividad de las prácticas espirituales aumenta al alinearse con estas fases. Por ejemplo, ciertas meditaciones son más efectivas durante la luna llena o creciente, mientras que las prácticas introspectivas resultan más potentes en la luna nueva o menguante.

El trabajo con los sueños es una herramienta poderosa para acceder a la sabiduría femenina. Las tradiciones antiguas recomiendan preparaciones específicas antes de dormir, como el uso de inciensos y técnicas respiratorias orientadas a activar el subconsciente. Durante las fases lunares clave, los sueños pueden proporcionar indicios sobre el progreso espiritual del practicante. Por ejemplo:

Aguas en movimiento en los sueños reflejan limpieza emocional.

Manantiales subterráneos indican el ascenso de Kundalini.

Serpientes blancas representan un despertar espiritual.

Sacerdotisas arquetípicas anticipan avances significativos en la práctica.

El registro detallado de sueños, incluyendo su simbolismo, es crucial para identificar patrones y recibir orientación del Divino Femenino.

Etapas del Despertar

El despertar del poder femenino sigue un proceso estructurado:

Sensibilización inicial: Aparecen destellos intuitivos y mayor percepción energética.

Activación preliminar: Surgen movimientos espontáneos y sensaciones internas.

Despertar parcial: La conciencia se expande y emergen capacidades psíquicas.

Activación total: La conciencia se transforma completamente.

Cada etapa requiere disciplina, paciencia y orientación adecuada. Intentar acelerar el proceso puede causar desequilibrios significativos.

Protección Espiritual y Purificación

La protección en este camino no radica en mecanismos externos, sino en la pureza de intención y la conexión con fuerzas superiores. El respeto y la humildad ante lo divino aseguran una guía segura. Es fundamental diferenciar entre experiencias auténticas y fenómenos psicológicos o emocionales transitorios.

Una vez despertado, el poder femenino debe integrarse en la vida diaria. Esto se logra a través del servicio desinteresado y la creatividad. El objetivo es mantener un equilibrio entre las responsabilidades mundanas y las prácticas espirituales, permitiendo que la energía transformadora impacte positivamente en todos los aspectos de la existencia.

En etapas avanzadas, se desarrolla una relación íntima con el "aspecto Madre" de lo divino. Esta conexión proporciona guía, protección y un sentido profundo de propósito. Más allá de una idea abstracta, se experimenta como una presencia viva que inspira y orienta al practicante.

Para los principiantes, Blavatsky enfatizó la importancia de desarrollar ciertos fundamentos esenciales:

Cultivar reverencia por la energía divina femenina.

Alinear la vida con los ritmos naturales y espirituales.

Practicar el silencio para desarrollar receptividad.

Mantener pureza ética en pensamientos y acciones.

Servir a los demás con humildad y devoción.

Estos principios crean la base necesaria para explorar niveles más profundos de conexión con el Divino Femenino.

Capítulo 23: Anatomía oculta

La percepción convencional del cuerpo humano se limita a su dimensión física, la cual puede ser observada y medida con herramientas modernas. Sin embargo, los antiguos sabios visualizaron una anatomía más profunda, tejida de energías invisibles, que sostiene y permea el cuerpo material. Esta estructura sutil, descrita con detalle en textos milenarios, conecta la materia con la conciencia y ofrece una perspectiva integral sobre la existencia humana.

El sistema de chakras se revela en la experiencia directa a través de sensaciones específicas que cualquier practicante atento puede comenzar a percibir. Al despertar, cuando el cuerpo está en reposo y la mente tranquila, emergen patrones distintos de vibración en puntos precisos del cuerpo. El chakra raíz se manifiesta como una pulsación sutil en la base de la columna vertebral, que se intensifica al caminar descalzo sobre tierra natural. El chakra del plexo solar se percibe inicialmente como una sensación de calidez en el área del estómago, que fluctúa notablemente con los estados emocionales y se puede estabilizar mediante la respiración consciente hacia esa zona.

La sensibilidad hacia estos centros se desarrolla naturalmente mediante actividades cotidianas específicas. El acto de cantar, por ejemplo, no solo activa el chakra de la garganta sino que revela su conexión con el chakra del corazón - una interacción que se manifiesta como una apertura simultánea en ambas áreas. La práctica de la pintura o la escritura creativa estimula el chakra del tercer ojo, evidenciado por una presión sutil entre las cejas que se intensifica durante momentos de inspiración profunda.

Los desequilibrios en cada centro se manifiestan a través de señales características que, una vez reconocidas, se convierten en guías valiosas para el trabajo interior. Un chakra coronario sobrecargado, por ejemplo, puede manifestarse como una sensación de presión en la parte superior de la cabeza, indicando la necesidad de enraizamiento mediante actividades físicas simples como la jardinería o caminar en la naturaleza.

El trabajo avanzado con los chakras revela que estos centros responden de manera única a diferentes formas de luz y sonido. La luz del amanecer, rica en frecuencias específicas, estimula naturalmente el chakra del corazón cuando se permite que los primeros rayos del sol toquen el centro del pecho. Los sonidos graves y sostenidos, como el de un cuenco tibetano, pueden estabilizar el chakra raíz, mientras que las frecuencias más agudas resuenan con los chakras superiores, creando sensaciones distintivas de apertura y expansión en estas áreas.El chakra raíz, Muladhara, se encuentra en la base de la columna vertebral y representa el anclaje energético en el mundo físico. Asociado con el elemento tierra, este centro proporciona estabilidad al sistema energético completo. Es aquí donde reside Kundalini, la energía primordial en estado latente, que permanece enrollada en espiral como un resorte comprimido. Su despertar, cuidadosamente guiado, es una fuerza transformadora capaz de elevar la conciencia humana. Sin embargo, este proceso requiere preparación y equilibrio; la liberación descontrolada de Kundalini puede generar desajustes tanto físicos como emocionales.

El segundo centro, Svadhisthana, está conectado con el elemento agua y regula las energías creativas y reproductivas. Situado en la región pélvica, este chakra traduce impulsos básicos en expresiones más refinadas, como la creatividad artística y la expansión emocional. Su equilibrio es esencial para quienes buscan trascender las limitaciones puramente físicas, integrando fuerzas superiores en su vida diaria.

A medida que la energía asciende, llega al plexo solar, donde se encuentra Manipura. Este centro, asociado con el fuego, es un poderoso generador de fuerza vital y voluntad personal. Es aquí donde las energías cósmicas se metabolizan para alimentar el cuerpo físico y las emociones humanas. Manipura también sirve como mediador entre el mundo exterior y el interior, absorbiendo prana de la luz solar, el aire y los alimentos. Su función adecuada depende de una dieta consciente, prácticas respiratorias que optimicen la absorción pránica y el manejo equilibrado de las emociones.

El chakra del corazón, Anahata, marca un punto de transición entre las energías inferiores y superiores. Vinculado al elemento aire, su apertura permite al individuo experimentar el amor incondicional, una fuerza que transforma no solo la percepción personal, sino también las relaciones con el entorno. Este centro actúa como puente entre la materia y el espíritu, estabilizando las energías del sistema completo y fomentando un desarrollo consciente.

En la garganta, Vishuddha canaliza energías asociadas con el sonido y la comunicación. Este centro, relacionado con el espacio etéreo, facilita la expresión creativa y el acceso a planos superiores de conocimiento. El desarrollo armónico de Vishuddha permite integrar la visión interna con la manifestación práctica, uniendo el pensamiento con la acción. Esto explica su relevancia en tradiciones mántricas y disciplinas que utilizan el sonido como herramienta de transformación.

El tercer ojo, conocido como Ajna, es la sede de la intuición y la percepción espiritual. Situado entre las cejas, este chakra ofrece una visión más allá de la dualidad, permitiendo al practicante percibir realidades sutiles con claridad. Sin embargo, su desarrollo requiere la purificación de pensamientos y emociones, ya que cualquier distorsión en niveles inferiores puede alterar su funcionamiento. Ajna no solo amplía la percepción, sino que también organiza y dirige las energías de los demás chakras.

En la cúspide del sistema se encuentra Sahasrara, el chakra de la corona, que simboliza la conexión con la conciencia universal. A diferencia de los otros chakras, no gira de forma activa, sino que permanece como un receptor pasivo de energías cósmicas. Sahasrara encarna el potencial infinito de la conciencia humana, desplegándose gradualmente conforme el individuo expande su comprensión del universo.

Esta arquitectura energética está interconectada por una vasta red de canales sutiles llamados nadis. Aunque los textos tradicionales enumeran miles de ellos, tres destacan por su importancia. Ida y Pingala, que transportan las fuerzas lunares y solares, fluyen en un patrón serpenteante alrededor de la columna vertebral, mientras que Sushumna actúa como el canal central. Sushumna es la vía principal para el ascenso de Kundalini y la expansión de la conciencia. La activación de este canal depende de la armonización de Ida y Pingala, un equilibrio que se cultiva mediante prácticas como el pranayama.

El desarrollo de la percepción sutil comienza con una purificación progresiva de los canales energéticos. Prácticas respiratorias específicas eliminan bloqueos y afinan la sensibilidad del practicante hacia los flujos internos de energía. Este proceso permite distinguir entre las sensaciones auténticas y las fabricadas por la imaginación. Gradualmente, se desarrolla una percepción más refinada, abriendo el camino hacia niveles superiores de conciencia.

Los pensamientos y emociones desempeñan un papel crucial en la anatomía oculta, ya que cada estado mental genera patrones específicos en el campo energético. Las emociones intensas pueden desequilibrar ciertos chakras, mientras que un estado mental sostenido puede reconfigurar gradualmente todo el sistema. Este principio subraya la importancia de mantener una mente y emociones purificadas durante el trabajo con la anatomía sutil.

La integración de la dimensión sutil con la física también implica ajustes en el estilo de vida. La calidad del prana que absorbemos se ve influenciada por la dieta, el ejercicio y el entorno. Factores como los campos electromagnéticos y las condiciones geológicas también impactan el flujo energético, subrayando la necesidad de prácticas que fortalezcan y protejan el sistema.

Los antiguos textos insisten en la gradualidad de este proceso. Intentar forzar el desarrollo energético sin una preparación adecuada puede resultar en desequilibrios significativos. Por esta razón, las tradiciones esotéricas enfatizan la necesidad de un progreso cuidadoso, que respete la evolución natural del individuo.

Aunque la investigación científica apenas comienza a explorar este dominio, los estudios modernos han encontrado paralelismos con las descripciones tradicionales. Las mediciones del biocampo y los efectos fisiológicos de la meditación han comenzado a validar aspectos de la anatomía sutil, señalando un terreno fértil para la colaboración entre ciencia y espiritualidad.

Capítulo 24: La Gran Iniciación

En lo profundo de los antiguos templos, ocultas en cámaras consagradas al misterio, se llevaban a cabo pruebas que marcaban el umbral de una transformación definitiva en el iniciado. Estas pruebas, más que rituales ceremoniales, eran procesos sistemáticos que reconfiguraban la biología, la energía y la consciencia humana. Preservadas por las escuelas de misterios durante milenios, estas enseñanzas aplicaban principios precisos que despertaban el potencial humano dormido, trascendiendo la percepción ordinaria y la comprensión común.

La iniciación es una experiencia de inmersión directa en realidades que trascienden lo visible y lo tangible. Este proceso comienza con lo que las antiguas tradiciones denominaban "la agitación de la semilla sagrada", un fenómeno que impulsa al espíritu hacia la transformación. Esta "agitación" surge como una insatisfacción creciente con la rutina cotidiana y un anhelo profundo por una verdad más elevada. No obstante, este despertar inicial es solo el preludio de una serie de transformaciones que afectan todos los niveles del ser, requiriendo perseverancia, guía y maduración.

La Ley de las Octavas: El Ritmo del Proceso Iniciático

Blavatsky destacó que la iniciación auténtica sigue un principio denominado "la ley de las octavas". Según este modelo, cada etapa del desarrollo espiritual debe completarse antes de que la siguiente pueda iniciarse. Este principio refleja las dinámicas evolutivas presentes en la naturaleza, desde el crecimiento de una célula hasta el desarrollo de una galaxia. Forzar o acelerar el proceso sería contraproducente y potencialmente peligroso, ya que cada fase establece los fundamentos para la siguiente.

En el nivel físico, el cuerpo experimenta un refinamiento sistemático mediante prácticas diseñadas para optimizar su capacidad energética y funcional. Estas incluyen ejercicios de respiración (pranayama) con patrones 4:8:12

que incrementan la oxigenación celular, posturas específicas (asanas) que activan el ADN latente, y gestos rituales (mudras) que dirigen la energía vital (prana) a través de circuitos neuronales estratégicos. Estas prácticas generan transformaciones medibles, como mayor capacidad pulmonar, sincronización cardíaca estable y una mayor tolerancia a condiciones extremas.

El cerebro también atraviesa modificaciones profundas. Estas incluyen la coherencia de las ondas theta mediante meditaciones específicas practicadas en momentos clave del día y la activación de la sincronización hemisférica usando mantras que generan patrones de resonancia en el líquido cefalorraquídeo. Finalmente, se estimulan centros cerebrales dormidos mediante combinaciones de visualización y frecuencias sonoras precisas, como 432 Hz y sus armónicos. Este enfoque integrado optimiza la funcionalidad cerebral para experimentar niveles expandidos de percepción y comprensión.

Refinamiento del Sistema Nervioso y Transformación Energética

El sistema nervioso es un componente central del proceso de iniciación. Su refinamiento comienza con la estimulación de puntos específicos (marma) mediante patrones de presión cuidadosamente calculados. Continúa con un entrenamiento de resistencia a través de exposiciones alternadas a frío y calor, y culmina en ejercicios de campo electromagnético que fortalecen su capacidad para procesar energías intensas. Estos métodos no solo preparan al iniciado para manejar energías superiores, sino que también fortalecen su resiliencia frente a desequilibrios externos.

La transformación energética alcanza incluso la estructura atómica del cuerpo. Aquí, la consciencia del iniciado interactúa directamente con la materia, moldeando los patrones de giro atómico mediante prácticas de meditación profunda que incluyen visualizaciones de formas geométricas, como los sólidos platónicos. Estas prácticas avanzadas generan cambios sutiles pero verificables en la estructura física y energética del cuerpo, abriendo el camino hacia capacidades superiores.

La Noche Oscura del Alma y la Reestructuración Psicológica

El componente psicológico de la iniciación es igualmente profundo. La "noche oscura del alma" representa una purificación intensa en la que el iniciado enfrenta sus propios miedos, apegos y creencias limitantes. Este período, que puede ser desconcertante, sirve para desmantelar las estructuras psicológicas que obstaculizan la percepción directa de la realidad. Solo quienes perseveran con valentía y sinceridad logran emerger con una consciencia renovada y una conexión más profunda con su propósito.

Esta etapa va seguida de un desarrollo gradual de las facultades superiores, incluyendo la percepción de energías sutiles y dimensiones superiores de la existencia. Estas nuevas capacidades deben integrarse cuidadosamente, ya que no reemplazan los sentidos ordinarios, sino que los amplían. El desafío reside en aprender a manejar estas percepciones sin perder el equilibrio interno ni la conexión con la realidad cotidiana.

Pruebas y Activación de Centros Energéticos

Cada etapa de la iniciación está marcada por pruebas específicas que evalúan la preparación del candidato. Estas pruebas no siempre son experiencias dramáticas; a menudo se presentan en la vida diaria como desafíos aparentemente ordinarios. La clave para superarlas radica en la capacidad del iniciado para responder con discernimiento y equilibrio. Estas pruebas aseguran que el individuo esté listo para manejar las fuerzas más poderosas que se le confiarán.

La activación de los centros energéticos sigue un orden preciso. El proceso comienza en el corazón, estableciendo una base de amor y compasión antes de trabajar con energías más intensas asociadas con los chakras inferiores y superiores. Este enfoque gradual evita desequilibrios y trastornos que podrían surgir de un despertar prematuro.

Servicio y Consciencia

El servicio dentro del contexto de la iniciación representa un cambio fundamental en la orientación interna del iniciado. Ya no se trata de actuar impulsado por un sentido de obligación o por la búsqueda de recompensas espirituales, sino de operar como un conducto consciente de las fuerzas evolutivas superiores. Esta transformación no ocurre de forma automática ni superficial; surge como resultado directo de un cambio integral en la estructura de la consciencia. El iniciado, al conectar profundamente con la fuente universal, comprende su papel único en el entramado de la evolución planetaria y actúa desde una perspectiva de interconexión.

La acción en este nivel no responde a impulsos personales o al deseo de ser útil, sino a una sintonización profunda con las corrientes energéticas y espirituales que impulsan el progreso colectivo. El servicio se convierte en una extensión natural de la propia existencia, una expresión espontánea del estado elevado de consciencia. No hay sentido de imposición o de carga en esta labor; al contrario, se percibe como una danza armónica entre el individuo y las fuerzas universales, donde cada acción contribuye al equilibrio y al avance de la humanidad.

El iniciado, al desempeñar este papel, enfrenta retos particulares. Uno de los principales es la necesidad de mantener un equilibrio absoluto entre su nueva capacidad de percepción expandida y las limitaciones inherentes al plano físico y social. Esto implica comprender que no todas las personas están listas para recibir ciertas enseñanzas o influencias, y que el servicio debe ofrecerse de manera que respete el libre albedrío y el ritmo evolutivo de los demás. Actuar desde este entendimiento requiere un nivel significativo de madurez espiritual, pues las energías disponibles tras la iniciación pueden generar una tentación sutil hacia el uso indiscriminado del conocimiento o el poder adquiridos.

La integración del servicio con la vida cotidiana es otra faceta crucial. En lugar de buscar gestos grandiosos, el iniciado aprende a convertir cada acto ordinario en una oportunidad para manifestar consciencia superior. Esta práctica refleja el principio hermético de "como es arriba, es abajo", donde incluso las acciones más simples pueden convertirse en vehículos para expresar energías elevadas. Por ejemplo, un pensamiento de amor y compasión proyectado intencionadamente durante una conversación trivial puede sembrar profundas transformaciones en el entorno, aunque sus efectos no sean inmediatamente visibles.

El servicio también se expande a los niveles energéticos y espirituales, donde el iniciado actúa como un puente entre dimensiones. Esto incluye participar en prácticas avanzadas de meditación grupal, rituales energéticos planetarios y tareas específicas designadas por sus maestros espirituales o por su propia intuición superior. En este contexto, la conexión con el grupo interno de iniciados y la jerarquía espiritual planetaria se fortalece, permitiendo al iniciado alinearse con propósitos más amplios. Estas actividades exigen un control preciso de las fuerzas movilizadas, ya que un manejo inadecuado podría resultar en desequilibrios energéticos tanto para el practicante como para las estructuras sutiles con las que interactúa.

Finalmente, el servicio no solo contribuye al bienestar colectivo, sino que también acelera el propio desarrollo espiritual del iniciado. Cada acto de servicio conscientemente realizado refuerza la conexión con los niveles superiores de realidad, facilitando nuevas revelaciones y ajustes internos. Sin embargo, esta dinámica solo se sostiene cuando el servicio se ofrece sin apego a los resultados, pues cualquier expectativa personal puede interferir con la pureza de las energías involucradas.

Inmortalidad Consciente y el Gran Silencio

La noción de "inmortalidad consciente" que plantea Blavatsky representa uno de los logros más elevados dentro del camino iniciático. Este estado no se refiere a la perpetuidad del cuerpo físico, sino a la capacidad del iniciado para mantener una consciencia ininterrumpida a través de todos los estados de existencia: vigilia, sueño, sueño profundo e incluso más allá de la muerte. Este logro no es meramente conceptual; se desarrolla mediante un entrenamiento sistemático que asegura una continuidad de la consciencia capaz de trascender las limitaciones temporales y espaciales.

Para alcanzar este estado, el iniciado debe trabajar en la integración perfecta de los tres niveles fundamentales de la existencia: físico, mental y espiritual. Cada uno de estos niveles tiene sus propias características y retos únicos. En el plano físico, se requiere desarrollar una estabilidad y una armonía que permitan sostener las vibraciones elevadas sin que el cuerpo entre en estados de desequilibrio o desgaste prematuro. Esto se logra mediante prácticas rigurosas que incluyen técnicas avanzadas de respiración, dieta adecuada y ejercicios que fortalezcan la capacidad del sistema nervioso para manejar corrientes energéticas superiores.

En el plano mental, la disciplina es esencial para mantener un enfoque inquebrantable. Aquí, el trabajo incluye la eliminación de patrones de pensamiento reactivos y la construcción de una mente capaz de operar simultáneamente en múltiples niveles de realidad. El iniciado aprende a dirigir su atención hacia lo esencial, evitando distracciones innecesarias y cultivando un estado de meditación constante, incluso en medio de las actividades diarias.

Finalmente, en el plano espiritual, el proceso implica la identificación plena con la consciencia universal. Esto requiere un nivel avanzado de desapego y un entendimiento claro de la naturaleza ilusoria del ego. El iniciado, al experimentar directamente la unidad con lo absoluto, trasciende las limitaciones del tiempo y el espacio, obteniendo la capacidad de operar como un ser multidimensional.

El período que sigue a la iniciación es conocido como "el gran silencio". Este tiempo no es una pausa, sino una fase crucial de integración en la que el iniciado asimila completamente las experiencias vividas y ajusta su vida externa e interna para reflejar su nueva condición. Durante este tiempo, el iniciado se retira parcialmente del mundo exterior, dedicándose a prácticas de introspección, meditación y ajuste interno. Esta fase es especialmente importante porque establece las bases para el trabajo futuro, garantizando que las capacidades recién adquiridas se utilicen de manera responsable y efectiva.

En este estado de silencio, el iniciado también aprende a equilibrar sus nuevas percepciones y habilidades con las demandas del mundo físico. Esto incluye desarrollar una comprensión práctica de cómo aplicar las enseñanzas espirituales en contextos cotidianos, sin provocar conflictos ni desarmonías. Además, el iniciado trabaja en refinar su percepción de las energías sutiles, aprendiendo a interpretar con precisión las señales del plano espiritual y a actuar en consecuencia.

Capítulo 25: Desarrollo Psíquico

Los juegos de salón victorianos relacionados con la telepatía apenas insinuaban la sofisticada ciencia de la comunicación mental desarrollada en los monasterios orientales durante miles de años. Estas técnicas, que requieren décadas de entrenamiento riguroso, operan siguiendo leyes específicas tan precisas como cualquier rama de la física, aunque trabajan con fuerzas mucho más sutiles que las medidas por los instrumentos modernos.

La creación de un campo protector efectivo implica la manipulación precisa de la sustancia etérea a través de un proceso de tres etapas. La primera etapa requiere desarrollar la sensibilidad etérea mediante patrones específicos de respiración: inhalar durante 8 tiempos mientras se visualiza una luz dorada que ingresa por la corona de la cabeza, mantener la respiración durante 4 tiempos mientras esta energía circula por el cuerpo y exhalar durante 8 tiempos mientras se expande el campo de energía hacia el exterior. Este patrón básico debe practicarse diariamente durante al menos 28 días para establecer la densidad etérea inicial. La segunda etapa introduce la visualización geométrica: construir un dodecaedro de doble capa de luz violeta alrededor del cuerpo, con cada faceta programada para filtrar frecuencias específicas de energía. La capa exterior repele las vibraciones más bajas, mientras que la interior mantiene la coherencia energética personal. Los practicantes avanzados añaden un tercer componente: mantener una conciencia continua de lo que las tradiciones orientales llaman "la onda guardiana", una frecuencia específica de conciencia que les alerta automáticamente de cualquier intrusión energética. Esta protección tripartita debe mantenerse mediante la práctica regular: 15 minutos de trabajo energético enfocado cada mañana, un breve refuerzo durante el día al atravesar espacios de transición (puertas, multitudes, campos electromagnéticos) y una renovación completa del campo antes de dormir. La efectividad de esta protección puede verificarse mediante indicadores concretos: sensación de calor y presión alrededor del cuerpo, mayor estabilidad emocional en entornos difíciles y resistencia medible a las interferencias electromagnéticas.

La mecánica real de la protección psíquica opera a través de lo que Blavatsky llamó "incompatibilidad vibratoria". Así como ciertas frecuencias de luz no pueden penetrar materiales específicos, las influencias negativas no pueden afectar a una conciencia que vibra en frecuencias más altas. Esto explica por qué el desarrollo ético proporciona la protección definitiva: eleva naturalmente la propia tasa vibratoria más allá del alcance de las fuerzas inferiores. El practicante debe mantener una vigilancia constante sobre sus pensamientos y emociones, ya que estos afectan directamente la integridad de su campo protector.

Desarrollar habilidades psíquicas requiere comprender cómo funciona realmente la percepción sutil. A diferencia de los sentidos físicos que reciben impresiones del exterior, las facultades psíquicas operan mediante la resonancia con la naturaleza interna de las cosas. Esta resonancia comienza en el nivel etéreo, donde el propio cuerpo vital del practicante debe alcanzar la sensibilidad suficiente para registrar impresiones sutiles mientras mantiene su estabilidad.

El proceso comienza aprendiendo a distinguir entre las distintas cualidades de las impresiones sutiles. Las primeras percepciones psíquicas suelen ir acompañadas de sensaciones físicas, como hormigueos o cambios de temperatura, pero estos son más bien efectos secundarios que la percepción en sí misma. La verdadera impresión psíquica se manifiesta como un conocimiento directo, frecuentemente acompañado de un claro cambio en la conciencia. El practicante debe aprender a reconocer estos cambios sin distraerse por sus manifestaciones físicas.

El desarrollo de una percepción sutil confiable sigue lo que Blavatsky llamó "la ley del refinamiento progresivo". Cada nivel de percepción debe dominarse completamente antes de que el siguiente pueda desarrollarse de manera adecuada. Intentar saltarse etapas lleva inevitablemente a la confusión y a la falta de confiabilidad en el trabajo psíquico. Este refinamiento comienza con la sensibilidad física, progresa a través de la sintonización emocional y la claridad mental, antes de que pueda emerger la verdadera percepción espiritual.

El vehículo físico juega un papel mucho más sofisticado en el desarrollo psíquico de lo que comúnmente se reconoce. En lugar de ser un obstáculo que superar, el cuerpo físico sirve como ancla y transformador necesario para las energías superiores. Sus células deben someterse a alteraciones específicas para manejar el incremento del flujo de energía sutil sin interrumpir su función normal.

Esta transformación comienza a nivel del sistema nervioso. A través de prácticas específicas, se desarrollan nuevas vías neuronales capaces de transportar frecuencias de energía más sutiles. Este proceso no puede apresurarse: forzar el desarrollo antes de que el sistema nervioso esté preparado puede provocar diversos trastornos físicos y psicológicos. El practicante debe aprender a reconocer las señales de sobrecarga y ajustar su práctica en consecuencia.

El sistema endocrino requiere especial atención, ya que sirve de puente entre las funciones físicas y las sutiles. Cada glándula principal corresponde a un centro psíquico específico y debe prepararse gradualmente para un mayor flujo de energía. Esta preparación implica tanto prácticas energéticas como consideraciones dietéticas específicas que apoyen la salud y estabilidad glandular.

La verdadera comunicación telepática trasciende la mera transmisión de pensamientos para convertirse en un sofisticado intercambio de conciencia. El practicante avanzado aprende a crear lo que las tradiciones orientales llaman "el puente de la comprensión", una fusión temporal de la conciencia que permite compartir directamente la experiencia y el conocimiento. Esto requiere un control perfecto sobre el propio estado mental, mientras se mantiene una apertura total a la conciencia del otro.

El desarrollo de esta capacidad sigue etapas precisas. Primero, la habilidad de mantener la propia claridad mental mientras se permanece receptivo a las impresiones externas. Esta conciencia dual debe volverse tan estable que pueda mantenerse indefinidamente sin esfuerzo. Luego, se desarrolla la capacidad de proyectar los pensamientos con precisión, asegurando que lo transmitido coincida exactamente con lo que se pretende.

La etapa más avanzada implica lo que Blavatsky llamó "conciencia simultánea": la capacidad de mantener la conciencia en múltiples niveles mientras se participa en el intercambio telepático. Esto permite al practicante controlar tanto la transmisión como la recepción del pensamiento, mientras mantiene la conciencia del entorno físico y de cualquier influencia sutil que pueda afectar la comunicación.

La percepción clarividente se desarrolla mediante un sofisticado proceso de despertar capacidades dormidas dentro de los cuerpos sutiles. Esto comienza con lo que Blavatsky llamó "la sensibilización de la red etérea", un delicado proceso en el que la red de nadis o canales sutiles se vuelve cada vez más sensible a las vibraciones superiores. Esta sensibilización no puede forzarse, sino que debe desarrollarse naturalmente mediante una práctica sostenida y una preparación adecuada.

El mecanismo real de la visión clarividente difiere fundamentalmente de la visión física. Mientras que los ojos físicos reciben luz de fuentes externas, la percepción clarividente opera mediante lo que las antiguas tradiciones llamaban "visión activa", una proyección de la conciencia que percibe directamente la naturaleza interna de las cosas. Esta proyección ocurre a través del centro del tercer ojo, pero no de la forma simplista que suele describirse en la literatura moderna. El centro debe despertarse gradualmente mediante prácticas específicas que coordinan la respiración, la visualización y la circulación de la energía.

El desarrollo progresa a través de distintas etapas de percepción. Al principio, los practicantes pueden percibir luces o colores sutiles, que a menudo se descartan como imaginación. Estas primeras experiencias tienen un propósito crucial: enseñar al practicante a distinguir entre la percepción sutil genuina y la proyección mental. La clave no está en las visiones en sí, sino en aprender a reconocer la cualidad específica de la conciencia que acompaña a la verdadera percepción clarividente.

A medida que el desarrollo continúa, la percepción se vuelve cada vez más precisa y confiable. El practicante aprende a distinguir entre diferentes capas de realidad sutil: patrones etéreos, energías emocionales, formas de pensamiento e impresiones espirituales superiores. Cada capa requiere su propio enfoque específico y genera distintos tipos de experiencia que deben comprenderse e integrarse adecuadamente.

La psicometría revela la sofisticada relación entre la conciencia y la materia. Cada objeto lleva lo que Blavatsky llamó una "firma akáshica" - el registro completo de su existencia y experiencias. Esta firma existe no solo como información pasiva, sino como una impresión viva a la que se puede acceder mediante la sintonización adecuada. El desarrollo de la capacidad psicométrica implica aprender a leer estas firmas con una precisión y profundidad crecientes.

El proceso comienza con la sensibilidad a las impresiones más recientes y fuertes asociadas a un objeto. El practicante debe aprender a aquietar su propia actividad mental lo suficiente como para permitir que las impresiones del objeto emerjan en la conciencia. Esto requiere desarrollar lo que las tradiciones orientales denominan "la mente vacía", un estado de perfecta receptividad combinada con una discriminación aguda.

El trabajo psicométrico avanzado implica acceder a capas más profundas de la historia de un objeto. Para esto es necesario comprender cómo las impresiones se almacenan en diferentes estratos de la sustancia akáshica, cada uno de los cuales requiere frecuencias de conciencia específicas para acceder a él. El practicante aprende a ajustar su propia frecuencia vibratoria para que coincida con estos diferentes estratos, lo que permite la exploración sistemática de la historia completa de un objeto.

La aplicación más sofisticada de la psicometría implica lo que Blavatsky llamó "proyección de la conciencia a través del tiempo": la capacidad de experimentar directamente acontecimientos históricos asociados a un objeto. No se trata simplemente de recibir impresiones, sino de proyectar la conciencia en el registro akáshico de acontecimientos pasados. Este trabajo requiere un desarrollo extraordinario tanto de la percepción sutil como de la capacidad de mantener la conciencia a través de diferentes flujos temporales sin perder la orientación.

La capacidad precognitiva emerge a través de una sofisticada relación con el tiempo mismo. A diferencia de la percepción lineal de la conciencia ordinaria, la conciencia precognitiva opera a través de lo que Blavatsky llamó "tiempo simultáneo", un estado en el que el pasado, el presente y el futuro existen como campos interpenetrados de posibilidades. Desarrollar esta conciencia requiere cambios fundamentales en la forma en que la conciencia se relaciona con la experiencia temporal.

El mecanismo real de la precognición opera mediante la sintonización con lo que las tradiciones orientales llaman "las semillas de los acontecimientos futuros". Estas semillas existen en las condiciones presentes como patrones sutiles de fuerza que tienden naturalmente hacia manifestaciones específicas. El practicante experto aprende a percibir estos patrones y a rastrear su probable desarrollo. Esto explica por qué la precognición genuina se ocupa de probabilidades más que de certezas fijas: existen múltiples futuros potenciales simultáneamente hasta que las elecciones y acciones específicas cristalizan resultados particulares.

El entrenamiento en la percepción precognitiva comienza con el desarrollo de la sensibilidad al futuro inmediato, es decir, a los acontecimientos que pueden ocurrir en cuestión de horas o días. Este marco temporal más breve permite verificar y perfeccionar la percepción, al tiempo que genera confianza en la facultad. El practicante aprende a distinguir entre las impresiones precognitivas auténticas y las diversas formas de proyección psicológica o ilusiones. Esta discriminación resulta crucial para un desarrollo confiable.

El proceso requiere establecer lo que Blavatsky llamó "la conciencia del testigo", un estado de conciencia que puede observar el flujo del tiempo sin quedar atrapado en él. Este desarrollo comienza con la observación cuidadosa de cómo los acontecimientos futuros proyectan sombras en la conciencia presente. Estas sombras aparecen primero como cambios sutiles en la conciencia que la mayoría de las personas ignora o no percibe. El practicante debe aprender a reconocer e interpretar estos cambios manteniendo una objetividad perfecta.

La relación entre la energía kundalini y el desarrollo psíquico revela una dinámica sofisticada que a menudo se pasa por alto en la literatura popular. La kundalini representa no solo una fuerza que hay que despertar, sino lo que Blavatsky llamó "la conciencia de la fuerza solar", el poder que impulsa la propia evolución. Su despertar acelera naturalmente el desarrollo de las facultades psíquicas, pero esta aceleración debe comprenderse y gestionarse adecuadamente.

El proceso comienza con lo que las tradiciones orientales llaman "la purificación de los canales". Antes de que la kundalini pueda elevarse con seguridad, los nadis o canales de energía sutil deben limpiarse a fondo y fortalecerse. Esto implica un trabajo sistemático con pranayama y prácticas energéticas específicas que refinan gradualmente los cuerpos sutiles. Intentar forzar el despertar de la kundalini antes de haber completado esta preparación conlleva graves riesgos de trastornos psicológicos y físicos.

La mecánica real del despertar de la kundalini implica sofisticadas interacciones entre diferentes niveles del ser. A medida que la energía asciende, activa centros de conciencia latentes en una secuencia precisa. Cada activación aporta nuevas capacidades, pero también nuevos desafíos que deben integrarse adecuadamente. El practicante debe mantener un equilibrio perfecto entre el desarrollo activo y la asimilación de las nuevas capacidades.

Las etapas avanzadas del despertar de la kundalini traen lo que Blavatsky llamó "el fuego de la transformación", una aceleración radical de la evolución de la conciencia que despierta naturalmente las facultades psíquicas superiores. Este fuego opera a través de patrones geométricos específicos en los cuerpos sutiles, creando nuevos circuitos para el flujo de energía y la expresión de la conciencia. El proceso no puede precipitarse ni forzarse sin crear graves desequilibrios que pueden tardar años en corregirse.

El mantenimiento de las facultades psíquicas despiertas requiere una comprensión sofisticada de la dinámica de la energía sutil. A diferencia de las habilidades físicas que se estabilizan mediante la repetición, las habilidades psíquicas requieren una atención constante a la higiene energética y al refinamiento de la conciencia. El practicante debe aprender a mantener lo que las tradiciones orientales llaman "el espacio sagrado", un estado interior de perfecta claridad y receptividad que permite el funcionamiento confiable de estas facultades.

Este mantenimiento implica la práctica regular de lo que Blavatsky llamó "la ciencia de la sintonización": técnicas específicas para mantener los cuerpos sutiles alineados y receptivos. Estas prácticas incluyen trabajo energético diario, meditación regular y retiros intensivos periódicos para un refinamiento más profundo. El practicante debe aprender a reconocer las señales de desequilibrio o degradación de sus capacidades y tomar las medidas correctivas adecuadas.

El proceso de refinamiento nunca termina realmente, ya que cada nivel de desarrollo abre posibilidades para una mayor evolución. El practicante debe mantener lo que las antiguas tradiciones llamaban "la mente del principiante", es decir, acercarse a cada experiencia con una conciencia renovada y, al mismo tiempo, basarse en los conocimientos adquiridos. Esta combinación de apertura y discriminación permite una mejora continua sin estancarse en patrones o habilidades particulares.

El desarrollo de las capacidades psíquicas grupales sigue principios distintos que trascienden la práctica individual. Blavatsky reveló métodos sofisticados para lo que ella llamó "sinergia de conciencia" - la habilidad de múltiples practicantes de combinar sus facultades para mejorar la percepción y la efectividad. Este trabajo requiere comprender cómo pueden fusionarse los campos energéticos individuales sin crear confusión o interferencias.

La mecánica real del trabajo en grupo implica establecer lo que las tradiciones orientales llaman "el campo de la conciencia unificada". Esto requiere que cada participante mantenga su centro individual mientras se abre simultáneamente a la conciencia colectiva. El proceso comienza con una cuidadosa selección de practicantes compatibles y el desarrollo sistemático de la compenetración del grupo a través de la práctica y el propósito compartidos.

El trabajo en grupo avanzado implica lo que Blavatsky llamó "disposición geométrica de la conciencia", patrones específicos de energía y conciencia que potencian las capacidades colectivas. Estas disposiciones siguen principios matemáticos precisos que rigen cómo interactúan y se combinan las fuerzas sutiles. El grupo debe aprender a mantener estos patrones mientras trabajan juntos, creando campos estables que apoyen una percepción y eficacia mejoradas.

El desarrollo de siddhis o poderes psíquicos representa una etapa natural en la evolución humana más que un fin en sí mismo. Estas habilidades surgen a través de lo que Blavatsky llamó "el despertar de potenciales dormidos" - capacidades inherentes a la conciencia humana que se activan mediante un desarrollo espiritual adecuado. Comprender esta relación ayuda a mantener una perspectiva adecuada y evita el error común de quedar fascinado por los fenómenos en lugar del crecimiento espiritual genuino.

El mecanismo real del desarrollo del siddhi implica una sofisticada interacción entre diferentes planos de conciencia. Cada habilidad representa lo que las tradiciones orientales denominan "un puente entre mundos": una capacidad para funcionar conscientemente en múltiples niveles de la realidad de forma simultánea. El desarrollo de estos puentes debe proceder naturalmente a través de una práctica espiritual adecuada, en lugar de ser forzado mediante técnicas específicas.

Capítulo 26: Ocultismo Práctico

La implementación de los principios ocultistas requiere un entrenamiento sistemático que transforme la consciencia ordinaria en un instrumento de poder espiritual. Este desarrollo sigue etapas verificables, cada una construida sobre bases establecidas a través de prácticas y observaciones específicas.

El primer requisito consiste en establecer lo que las tradiciones antiguas llamaban "el espacio sagrado" dentro de la consciencia ordinaria. No se trata de un lugar físico, sino de un estado mental que mantiene una receptividad constante a las influencias superiores mientras se realizan actividades cotidianas. La creación de este espacio requiere el desarrollo sistemático de lo que Blavatsky llamó "atención dual": la capacidad de mantener la consciencia de los estados internos mientras se participa plenamente en las actividades externas.

El desarrollo de esta atención dual sigue pasos técnicos específicos. Se comienza por mantener la consciencia de las sensaciones físicas mientras se realizan tareas simples. Gradualmente se extiende a las corrientes emocionales, luego a las actividades mentales y, finalmente, a las impresiones espirituales sutiles. El practicante aprende a reconocer las diferentes cualidades de la consciencia, tal como un experto en vinos desarrolla la capacidad de distinguir sabores y notas sutiles.

La mecánica real del ocultismo práctico opera a través de lo que Blavatsky llamó "la ciencia de la vibración". Cada pensamiento, emoción y acción genera patrones vibratorios específicos en los cuerpos sutiles. El practicante debe aprender a reconocer estos patrones y generar conscientemente aquellos que facilitan el desarrollo espiritual, mientras transforma los que crean obstáculos. Esto requiere desarrollar una sensibilidad aguda a las frecuencias energéticas, comenzando por las vibraciones físicas más densas y avanzando hacia las más sutiles.

Trabajar con estos patrones vibratorios exige entender cómo interactúan las distintas frecuencias. Algunas combinaciones crean armonía y refuerzo, mientras que otras producen interferencias y perturbaciones. El ocultista aprende a orquestar estos patrones como un compositor que arregla notas musicales, creando sinfonías de consciencia que sirven a propósitos evolutivos específicos.

La aplicación práctica comienza con lo que las tradiciones orientales llaman "gestos sagrados", movimientos precisos que generan efectos específicos en los cuerpos sutiles. No son meramente simbólicos, sino que crean cambios reales en la consciencia cuando se realizan con el entendimiento adecuado. Incluso actividades simples como caminar o beber agua se convierten en oportunidades para la alineación energética cuando se abordan con conocimiento oculto.

La relación entre la respiración y la consciencia revela dinámicas sofisticadas que a menudo se pasan por alto en las enseñanzas básicas. Diferentes patrones de respiración activan centros específicos en los cuerpos sutiles, cada uno produciendo distintos estados de consciencia. El practicante aprende a modificar la consciencia a voluntad mediante el control preciso de los ritmos respiratorios, utilizando este conocimiento para mantener estados óptimos para diferentes tipos de trabajo oculto.

El trabajo con los ciclos naturales requiere una comprensión precisa de los patrones de resonancia temporal. Cada período de 24 horas contiene cuatro puntos energéticos principales: el Brahma Muhurta (96 minutos antes del amanecer) es óptimo para las prácticas mentales superiores y el estudio espiritual, ya que las corrientes etéricas fluyen más intensamente hacia abajo; el amanecer en sí favorece las prácticas que involucran absorción pránica y construcción de vitalidad; el mediodía facilita el trabajo de manifestación y las operaciones en el plano material; y el atardecer crea las condiciones ideales para las prácticas centradas en el corazón y la transmutación emocional. Los ciclos lunares influyen de manera similar en la eficacia de las prácticas: la luna creciente (especialmente los tres días anteriores a la luna llena) amplifica todas las prácticas relacionadas con la expansión y el crecimiento, mientras que la luna menguante (especialmente los tres días anteriores a la luna nueva) favorece el trabajo de purificación y liberación. El progreso mensual puede maximizarse coordinando las prácticas con las mansiones lunares o nakshatras; por ejemplo, cuando la luna transita por el nakshatra Pushya, las prácticas mántricas resultan tres veces más eficaces de lo normal. Los ciclos más largos, como el año solar, también influyen en la práctica: los seis meses del curso septentrional (del solsticio de invierno al de verano) favorecen naturalmente las prácticas evolutivas, mientras que el curso meridional facilita el trabajo integrador. Los practicantes avanzados aprenden a reconocer influencias temporales aún más sutiles, como los ciclos de 108 minutos del flujo de energía ida o pingala predominante a través de las fosas nasales, y ajustan su práctica según corresponda.

La transformación de la consciencia a través del ocultismo práctico sigue etapas alquímicas precisas. Cada etapa requiere condiciones y operaciones específicas, al igual que las reacciones químicas necesitan temperaturas y catalizadores exactos. La comprensión de estos requisitos evita el desperdicio de esfuerzos y los peligros potenciales de intentos prematuros en la práctica avanzada.

El éxito requiere comprender lo que Blavatsky llamaba "la ley de la preparación", es decir, reconocer exactamente cuándo se dan las condiciones adecuadas para prácticas o desarrollos específicos. Esto implica desarrollar un agudo discernimiento respecto a los factores internos y externos que afectan al trabajo oculto. El practicante aprende a percibir cuándo avanzar en la práctica y cuándo consolidar los logros.

El trabajo con las fuerzas elementales exige comprender sus propiedades e interacciones específicas. Cada elemento -tierra, agua, fuego, aire y éter- corresponde a aspectos particulares de la consciencia y requiere enfoques distintos. El practicante aprende a reconocer estas fuerzas que operan en la naturaleza y en la consciencia, desarrollando la habilidad de trabajar con ellas conscientemente para propósitos específicos.

La ciencia de la protección en el ocultismo práctico opera a través de una mecánica vibratoria precisa. En lugar de crear barreras, la verdadera protección surge a través del establecimiento de frecuencias específicas en la consciencia que repelen naturalmente las influencias inferiores mientras atraen las superiores. Esto requiere entender exactamente cómo las diferentes vibraciones interactúan y se afectan mutuamente.

Las etapas avanzadas introducen el trabajo con lo que Blavatsky denominó "matrices de pensamiento", patrones geométricos en la materia sutil que sirven como plantillas para la manifestación. El practicante aprende a crear y modificar estos patrones conscientemente, comprendiendo cómo las diferentes formas afectan a la consciencia y al flujo de energía. Este trabajo requiere una precisión extraordinaria y una total pureza de intención.

Epílogo

Los niveles más elevados de la práctica esotérica implican la manipulación directa de las fuerzas que dan forma a la realidad misma. Este trabajo no solo exige destreza técnica, sino también un cambio fundamental en la manera en que la consciencia interactúa con los diferentes planos de existencia.

La consciencia simultánea de múltiples planos se revela, a través de la práctica constante, como algo más que una simple atención dividida: representa una reconceptualización completa de cómo opera la consciencia. En lugar de transitar de un nivel de consciencia a otro, el practicante desarrolla lo que las antiguas tradiciones llamaban "consciencia esférica", un estado en el que la consciencia se expande simultáneamente en todas las direcciones, manteniendo al mismo tiempo un perfecto centro. Este desarrollo comienza mediante la observación cuidadosa de cómo la atención normalmente se mueve entre los diferentes aspectos de la experiencia. El practicante descubre que los aparentes vacíos en la consciencia no se deben a limitaciones de la misma, sino a patrones habituales de atención.

Trabajar directamente con la sustancia akáshica requiere entender cómo esta materia primordial responde a la consciencia. A diferencia de la materia física, que mantiene propiedades relativamente fijas, la materia akáshica es extraordinariamente sensible a la calidad de la consciencia que la dirige. La más mínima coloración de deseo personal o agitación mental crea distorsiones que se intensifican a medida que se manifiestan a través de planos sucesivos. Esto explica por qué las antiguas enseñanzas ponían tanto énfasis en la purificación de la consciencia, no como un requisito moral, sino como una necesidad técnica para trabajar con estas fuerzas sutiles.

El proceso real de manipulación de la sustancia akáshica sigue leyes precisas que rigen cómo la consciencia interactúa con los diferentes grados de materia. Cada plano requiere frecuencias específicas de consciencia para afectarlo directamente. Trabajar con la sustancia etérica exige una cualidad de consciencia, la materia astral otra y la sustancia mental otra distinta. El practicante debe aprender a modular su consciencia como un músico que cambia de octava, manteniendo un tono perfecto en cada nivel. Esta modulación no se produce a través de la fuerza o el esfuerzo, sino mediante la comprensión exacta de cómo la consciencia resuena naturalmente con los diferentes planos de la realidad.

La relación entre la consciencia individual y la universal se revela, a través de la experiencia directa, como más íntima y compleja de lo que sugiere la comprensión teórica. En lugar de que el individuo intente expandirse de algún modo hacia lo universal, el practicante descubre que la consciencia universal ya permea toda la consciencia individual. La tarea consiste en eliminar los obstáculos que impiden el reconocimiento de esta realidad siempre presente. Esta eliminación se lleva a cabo mediante la disolución sistemática de lo que las tradiciones orientales llaman los "nudos" de la consciencia: puntos en los que la consciencia se ha enredado en la identificación y la limitación personales.

El trabajo avanzado con las fuerzas elementales transforma la comprensión de lo que realmente son los elementos. En lugar de ser simplemente categorías de materia, los elementos se revelan como estados de consciencia que se manifiestan como patrones particulares de fuerza y forma. Trabajar con el elemento fuego, por ejemplo, requiere entrar en el estado de consciencia que se manifiesta como fuego, en lugar de intentar manipular el fuego como una fuerza externa. Esta alineación interna permite al practicante trabajar con las fuerzas elementales desde dentro, en lugar de intentar dirigirlas desde fuera. El proceso exige una flexibilidad mental extraordinaria, ya que cada elemento funciona según sus propias leyes y patrones, que pueden parecer paradójicos para la comprensión ordinaria.

La manipulación del tiempo a través de la consciencia revela dinámicas sofisticadas que el pensamiento lineal suele ocultar. El tiempo no es un marco fijo, sino un medio muy flexible que responde a la calidad de la consciencia que lo experimenta. Los practicantes avanzados aprenden a trabajar con lo que las tradiciones orientales llamaban "tiempo vertical", es decir, a acceder a diferentes flujos temporales sin pasar por estados intermedios. Esta capacidad se desarrolla a través de la comprensión de cómo la consciencia se mueve naturalmente entre diferentes frecuencias temporales durante actividades como el sueño o la meditación profunda. El practicante aprende a mantener la lucidez durante estas transiciones, desarrollando gradualmente la capacidad de navegar conscientemente por diferentes corrientes temporales.

El sonido adquiere un significado profundo en la práctica avanzada a medida que los practicantes descubren que todas las fuerzas se expresan, en última instancia, a través de la vibración. Trabajar con el sonido a este nivel implica generar patrones vibratorios específicos dentro de la propia consciencia, en lugar de limitarse a producir sonidos externos. Estas vibraciones internas, cuando se dirigen correctamente, crean patrones correspondientes en la materia sutil que pueden afectar la manifestación en múltiples niveles simultáneamente. La práctica requiere desarrollar lo que las antiguas tradiciones llamaban "el oído interno", la facultad que percibe las vibraciones sutiles directamente, en lugar de a través de la audición física.

La dirección consciente de las fuerzas evolutivas se revela como quizás la más exigente de las prácticas avanzadas, ya que requiere un desarrollo extraordinario tanto de la percepción como de la discriminación. Este trabajo comienza con el aprendizaje para reconocer lo que las antiguas tradiciones llamaban "las semillas del futuro": patrones sutiles en las condiciones presentes que contienen desarrollos futuros potenciales. Estos patrones existen no solo en las circunstancias físicas, sino en la consciencia colectiva de la humanidad y en los estratos más profundos de la evolución planetaria.

Trabajar con estas corrientes evolutivas exige una perfecta comprensión del libre albedrío y su relación con la ley cósmica. El practicante debe aprender a percibir la dirección natural de la evolución sin imponer conceptos personales sobre cómo debería proceder el desarrollo. Esto requiere una paciencia extraordinaria y la capacidad de distinguir entre los impulsos evolutivos genuinos y las proyecciones del deseo personal o colectivo. El proceso implica desarrollar lo que las tradiciones orientales llamaban "visión evolutiva", es decir, la capacidad de percibir múltiples líneas posibles de desarrollo, reconociendo al mismo tiempo qué posibilidades se alinean más estrechamente con el propósito cósmico.

El aspecto geométrico de la práctica avanzada revela profundas relaciones entre forma y consciencia. Cada patrón geométrico corresponde a estados específicos de consciencia y a fuerzas cósmicas concretas. El tetraedro, por ejemplo, se relaciona con el elemento fuego y el principio de transformación, mientras que el cubo corresponde al elemento tierra y el principio de manifestación. Los practicantes avanzados aprenden a generar estas formas no solo como construcciones mentales, sino como estructuras reales en la materia sutil que pueden servir como conductos para fuerzas específicas.

Trabajar con estos patrones geométricos requiere comprender cómo la forma afecta a la consciencia y viceversa. El practicante descubre que ciertos estados de consciencia generan naturalmente patrones geométricos específicos en la materia sutil, mientras que mantener la atención en formas geométricas concretas induce los estados de consciencia correspondientes. Esta relación recíproca proporciona herramientas sofisticadas para la transformación de la consciencia cuando se comprende y aplica correctamente. La práctica implica aprender a construir estructuras geométricas cada vez más complejas en la consciencia, manteniendo al mismo tiempo una claridad y estabilidad perfectas.

La relación entre la consciencia individual y la colectiva adquiere un nuevo significado en los niveles avanzados. En lugar de limitarse a participar en la consciencia colectiva, el practicante aprende a funcionar como lo que las antiguas tradiciones llamaban un "núcleo consciente" dentro de los campos grupales. Esto implica mantener una perfecta claridad individual al tiempo que se permite que las fuerzas universales trabajen a través de la propia consciencia en beneficio del colectivo. El proceso requiere una discriminación extraordinaria para distinguir entre la auténtica consciencia de grupo y las diversas formas de psicología de masas o contagio psíquico.

La ciencia del trabajo con la luz en niveles avanzados trasciende la iluminación física y sutil para comprometerse con lo que las tradiciones antiguas llamaban "la luz primordial", la primera diferenciación de la consciencia pura en forma manifiesta. Este trabajo requiere desarrollar órganos de percepción que puedan registrar estas frecuencias más elevadas sin verse abrumados por su intensidad. La práctica comienza aprendiendo a distinguir entre las diferentes cualidades de la luz interior, reconociendo cómo cada una corresponde a estados particulares de consciencia y a fuerzas cósmicas específicas.

La integración de estas prácticas avanzadas revela sofisticadas relaciones entre los diferentes aspectos del trabajo espiritual. En lugar de tratar cada práctica por separado, el practicante avanzado aprende a reconocer cómo se apoyan y potencian mutuamente de forma natural. Por ejemplo, el trabajo con formas geométricas facilita la comprensión de la vibración del sonido, mientras que el desarrollo de la manipulación del tiempo apoya el trabajo con las fuerzas evolutivas. Esta integración no se produce a través de la síntesis intelectual, sino mediante la percepción directa de la unidad subyacente de toda práctica espiritual.

El equilibrio necesario en los niveles avanzados funciona a través de lo que las tradiciones orientales denominan "equilibrio dinámico", es decir, una estabilidad perfecta que se mantiene mediante un ajuste constante en lugar de una fijación rígida. Este equilibrio debe mantenerse en múltiples dimensiones simultáneamente: entre la consciencia individual y la universal, entre diferentes planos de la realidad, entre varios aspectos de la práctica. El proceso exige una consciencia extraordinaria y la capacidad de realizar ajustes precisos sin perder la estabilidad general.

Quizás lo más significativo sea que la práctica avanzada revela una nueva comprensión de la relación entre la consciencia y la realidad misma. En lugar de que la consciencia sea algo que observa o interactúa con la realidad, el practicante descubre que la consciencia misma constituye la sustancia fundamental de la existencia. Este reconocimiento transforma no solo la comprensión, sino todo el enfoque de la práctica espiritual. En lugar de tratar de lograr o alcanzar estados concretos, la atención se centra en eliminar los obstáculos que impiden reconocer lo que siempre ha estado presente.

Las implicaciones futuras de estas prácticas van mucho más allá del desarrollo individual. A medida que los practicantes desarrollan estas capacidades avanzadas, se convierten naturalmente en agentes más eficaces para la evolución planetaria. Esto no ocurre a través de un esfuerzo deliberado por cambiar o mejorar las condiciones, sino convirtiéndose en canales cada vez más transparentes a través de los cuales la inteligencia cósmica puede operar en el mundo. El proceso exige una humildad perfecta combinada con una dedicación extraordinaria para servir al propósito universal más que a la aspiración personal.

Estas prácticas apuntan hacia posibilidades de desarrollo humano que la mayoría consideraría sobrehumanas, aunque representan un potencial evolutivo natural más que un logro sobrenatural. El practicante avanzado descubre que estas capacidades surgen naturalmente a través de una alineación sostenida con la ley cósmica y no mediante un desarrollo forzado o técnicas artificiales. Este descubrimiento revela profundas implicaciones sobre el potencial humano y el curso futuro de la evolución misma.

Malcolm J. Austin

Fin

Sobre el Autor

Malcolm J. Austin (nacido en 1975) es un autor y maestro espiritual estadounidense, conocido por sus enseñanzas sobre el Nuevo Pensamiento y el desarrollo personal. Nacido y criado en Boston, Massachusetts, Austin desarrolló desde joven un profundo interés por la espiritualidad y el potencial de la mente humana.

Graduado en Psicología por la Universidad de Harvard, Austin comenzó a explorar diversas tradiciones filosóficas y espirituales, incluyendo el Nuevo Pensamiento, la psicología positiva y las prácticas de mindfulness. Su búsqueda lo llevó a estudiar con varios maestros espirituales contemporáneos, sintetizando sus enseñanzas con los principios del Nuevo Pensamiento.

Austin es un prolífico escritor y conferencista, compartiendo sus enseñanzas a través de libros, seminarios y plataformas digitales.

En sus enseñanzas, Austin enfatiza la importancia de la visualización creativa, la gratitud y la transformación de patrones mentales limitantes como claves para alcanzar el éxito financiero y la abundancia. Cree firmemente en el poder de la mente para crear la realidad y en la existencia de leyes universales que gobiernan la manifestación de nuestros deseos.

Austin también es conocido por incorporar elementos de la neurociencia moderna y la física cuántica en sus enseñanzas sobre la prosperidad, buscando tender puentes entre la ciencia contemporánea y los principios del Nuevo Pensamiento. Sostiene que muchos de los principios del éxito y la abundancia tienen bases tanto en la antigua sabiduría como en los descubrimientos científicos recientes.

A lo largo de su carrera, Austin ha formado a numerosos estudiantes en sus técnicas de visualización y manifestación, creando una comunidad global de seguidores a través de sus programas en línea y retiros presenciales. Sus ideas sobre la conexión entre la mente, la energía y la prosperidad están influyendo en una nueva generación de buscadores espirituales y emprendedores.

www.ingramcontent.com/pod-product-compliance
Lightning Source LLC
Chambersburg PA
CBHW072124270326
41931CB00010B/1666